RECUEIL DE CANTIQUES A L'USAGE DES MISSIONS DE FRANCE.

NOUVELLE ÉDITION,

Corrigée, augmentée, et mise dans un meilleur ordre.

AVIGNON,

Chez L.t AUBANEL, Imprimeur-Libraire.

1821.

Ayant acquis de M. le Supérieur des Missions de France la propriété de ces *Cantiques*, je déclare contrefait tout exemplaire qui ne porteroit pas ma signature et poursuivrai les contrefacteurs.

PRIÈRES DU MATIN.

Au nom du Père, etc.

Mettez-vous en la présence de Dieu, adorez son saint nom.

Très-sainte et très-auguste Trinité, Dieu seul en trois personnes, je crois que vous êtes ici présent. Je vous adore avec les sentimens de l'humilité la plus profonde et vous rends de tout mon cœur les hommages qui sont dus à votre souveraine majesté.

Faites un acte de Foi.

Mon Dieu, je crois fermement tout ce que la sainte Eglise catholique, apostolique et romaine m'ordonne de croire, parce que c'est vous, ô vérité infaillible, qui le lui avez révélé.

Faites un acte d'Espérance.

Mon Dieu, j'espère avec une ferme confiance que vous me donnerez par les mérites de Jésus-Christ votre grâce en ce monde, et, si j'observe vos commandemens, votre gloire dans l'autre, parce que vous me l'avez promis, et que vous êtes souverainement fidèle dans vos promesses.

Faites un acte de Charité.

Mon Dieu, je vous aime de tout mon cœur et par-dessus toutes choses; parce que vous êtes infiniment bon et infiniment aimable: et j'aime mon prochain comme moi-même pour l'amour de vous.

Remerciez Dieu des grâces qu'il vous a faites, et offrez-vous à lui.

Mon Dieu, je vous remercie très-humblement de toutes les grâces que vous m'avez faites jusqu'ici. C'est encore par un effet de votre bonté que je vois ce jour; je veux aussi l'employer uniquement à vous servir. Je vous en consacre toutes les pensées, les paroles, les actions et les peines. Bénissez-les, Seigneur, afin qu'il n'y en ait aucune qui ne soit animée de votre amour, et qui ne tende à votre plus grande gloire.

Formez la résolution d'éviter le péché et de pratiquer la vertu.

ADORABLE JÉSUS, divin modèle de la perfection à laquelle nous devons aspirer, je vais m'appliquer, autant que je pourrai, à me rendre semblable à vous : doux, humble, chaste, zélé, patient, charitable et résigné comme vous; et je ferai particulièrement tous mes efforts pour ne pas retomber aujourd'hui dans les fautes que je commets si souvent, et dont je souhaite sincèrement de me corriger.

Demandez à Dieu les grâces qui vous sont nécessaires.

MON DIEU, vous connoissez ma foiblesse. Je ne puis rien sans le secours de votre grâce. Ne me la refusez pas, ô mon Dieu ! proportionnez-la à mes besoins : donnez-moi assez de force pour éviter tout le mal que vous défendez, pour pratiquer tout le bien que vous attendez de moi, et pour souffrir patiemment toutes les peines qu'il vous plaira de m'envoyer.

PATER NOSTER, qui es in cœlis; sanctificetur nomen tuum : adveniat regnum tuum; fiat voluntas tua, sicut in cœlo et in terrâ. Panem nostrum quotidianum da nobis hodie : et dimitte nobis debita nostra, sicut et nos dimittimus debitoribus nostris; et ne nos inducas in tentationem, sed libera nos à malo. Amen.

AVE, MARIA, gratiâ plena; Dominus tecum : benedicta tu in mulieribus, et benedictus fructus ventris tui Jesus. Sancta Maria, Mater Dei, ora pro nobis peccatoribus, nunc et in horâ mortis nostræ. Amen.

CREDO in Deum Patrem omnipotentem; creatorem cœli et terræ; et in Jesum Christum filium ejus unicum, Dominum nostrum; qui conceptus est de Spiritu sancto, natus ex Mariâ Virgine; passus sub Pontio Pilato crucifixus, mortuus et sepultus; descendit ad inferos, tertiâ die resurrexit à mortuis; ascendit ad cœlos, sedet ad dexteram Dei Patris omnipotentis; indè venturus est judicare vivos et mortuos. Credo in Spiritum sanctum, sanctam Ecclesiam catholicam, Sanctorum communionem, remissionem peccatorum, carnis resurrectionem, vitam æternam. Amen.

CONFITEOR Deo omnipotenti, beatæ Mariæ semper virgini, beato Michaëli archangelo, beato Joanni Baptistæ, sanctis apostolis Petro et Paulo, omnibus Sanctis, et tibi, Pater, quia peccavi nimis cogitatione, verbo et opere; meâ culpâ; meâ culpâ, meâ maximâ culpâ. Ideo precor beatam Mariam semper virginem, beatum Michaëlem archangelum, beatum

Joannem Baptistam, sanctos apostolos Petrum et Paulum, omnes sanctos, et te, Pater, orare pro me ad Dominum Deum nostrum.

Misereatur nostri omnipotens Deus, et, dimissis peccatis nostris perducat nos ad vitam æternam. Amen.

Indulgentiam, absolutionem et remissionem peccatorum nostrorum tribuat nobis omnipotens et misericors Dominus. Amen.

Invoquez la Ste. Vierge, votre bon Ange et votre saint Patron.

Sainte Vierge, mère de Dieu, ma mère et ma patronne, je me mets sous votre protection, et je me jette avec confiance dans le sein de votre miséricorde. Soyez, ô mère de bonté, mon refuge dans mes besoins, ma consolation dans mes peines, et mon avocate auprès de votre adorable Fils, aujourd'hui, tous les jours de ma vie, et particulièrement à l'heure de ma mort.

Ange du ciel, mon fidèle et charitable guide, obtenez-moi d'être si docile à vos inspirations, et de régler si bien mes pas, que je ne m'écarte en rien de la voie des commandemens de mon Dieu.

Grand Saint dont j'ai l'honneur de porter le nom, protégez-moi, priez pour moi, afin que je puisse servir Dieu comme vous l'avez servi sur la terre, et le glorifier éternellement avec vous dans le ciel. Ainsi soit-il.

LES COMMANDEMENS DE DIEU.

1. Un seul Dieu tu adoreras,
   Et aimeras parfaitement.
2. Dieu en vain tu ne jureras,
   Ni autre chose pareillement.
3. Les dimanches tu garderas,
   En servant Dieu dévotement.
4. Tes père et mère honoreras,
   Afin de vivre longuement.
5. Homicide point ne seras,
   De fait ni volontairement.
6. Luxurieux point ne seras,
   De corps ni de consentement.
7. Le bien d'autrui tu ne prendras,
   Ni retiendras à ton escient.
8. Faux témoignage ne diras,
   Ni mentiras aucunement.

9. L'œuvre de chair ne désireras,
Qu'en mariage seulement.

10. Biens d'autrui ne convoiteras,
Pour les avoir injustement.

LES COMMANDEMENS DE L'EGLISE.

1. Les Fêtes tu sanctifieras,
Qui te sont de commandement.

2. Les Dimanches la messe ouïras,
Et les Fêtes pareillement.

3. Tous tes péchés confesseras,
A tout le moins une fois l'an.

4. Ton Créateur tu recevras,
Au moins à Pâques humblement.

5. Quatre-Temps, Vigiles, jeûneras,
Et le Carême entièrement.

6. Vendredi, chair ne mangeras,
Ni le samedi mêmement.

LITANIES DU SAINT NOM DE JESUS.

Kyrie, eleison.	Seigneur, ayez pitié de nous.
Christe, eleison.	Christ, ayez pitié de nous.
Kyrie, eleison.	Seigneur, ayez pitié de nous.
Jesu, audi nos.	Jésus, écoutez-nous.
Jesu, exaudi nos.	Jésus, exaucez-nous.
Pater de cœlis, Deus, miserere nobis.	Père céleste, qui êtes Dieu, ayez pitié de nous.
Fili, Redemptor mundi, Deus,	Fils, Rédempteur du monde, qui êtes Dieu,
Spiritus sancte, Deus,	Esprit saint, qui êtes Dieu,
Sancta Trinitas, unus Deus,	Trinité sainte, qui êtes un seul Dieu,
Jesu, Fili Dei vivi,	Jésus, fils du Dieu vivant,
Jesu, splendor Patris,	Jésus, splendeur du Père,
Jesu, candor lucis æternæ,	Jésus, pureté de la lumière éternelle,
Jesu, rex gloriæ,	Jésus, roi de gloire,
Jesu, sol justitiæ,	Jésus, soleil de justice,
Jesu, fili Mariæ Virginis,	Jésus, fils de la Vierge Marie,
Jesu, amabilis,	Jésus aimable,
Jesu, admirabilis,	Jésus admirable,
Jesu, Deus fortis,	Jésus, Dieu fort,
Jesu, pater futuri sæculi,	Jésus, père du siècle à venir,

(Latin: Miserere nobis. — French: Ayez pitié de nous.)

Jesu, magni consilii angele,		Jésus, ange du grand conseil,	
Jesu potentissime,		Jésus très-puissant,	
Jesu patientissime,		Jésus très-patient,	
Jesu obedientissime,		Jésus très-obéissant,	
Jesu mitis et humilis corde,	Miserere nobis.	Jésus doux et humble de cœur,	Ayez pitié de nous.
Jesu, amator castitatis,		Jésus, amateur de la chasteté,	
Jesu, amator noster,		Jésus, qui nous honorez de votre amour,	
Jesu, Deus pacis,		Jésus, Dieu de paix,	
Jesu auctor vitæ,		Jésus, auteur de la vie,	
Jesu, exemplar virtutum,		Jésus, exemplaire des vertus,	
Jesu, zelator animarum,		Jésus, zélateur des âmes,	
Jesu, Deus noster,		Jésus, notre Dieu,	
Jesu, refugium nostrum,		Jésus, notre réfuge,	
Jesu, pater pauperum,		Jésus, père des pauvres,	
Jesu, thesaurus fidelium,		Jésus, trésor des fidèles,	
Jesu, bone pastor,		Jésus, bon pasteur,	
Jesu, lux vera,		Jésus, vrai lumière,	
Jesu, sapientia æterna,		Jésus, sagesse éternelle,	
Jesu, bonitas infinita,		Jésus, bonté infinie,	
Jesu, via et vita nostra,		Jésus, notre voie et notre vie,	
Jesu, gaudium Angelorum,		Jésus, joie des Anges,	
Jesu, rex Patriarcharum,		Jésus, roi des Patriarches,	
Jesu, magister Apostolorum,		Jésus, maître des Apôtres,	
Jesu, doctor Evangelistarum,	Miserere nobis.	Jésus, docteur des Evangélistes,	Ayez pitié de nous.
Jesu, fortitudo Martyrum,		Jésus, force des Martyrs,	
Jesu, lumen Confessorum,		Jésus, lumière des Confesseurs,	
Jesu, puritas Virginum,		Jésus, pureté des Vierges,	
Jesu, corona Sanctorum omnium,		Jésus, couronne de tous les Saints,	
Propitius esto, parce nobis, Jesu.		Soyez-nous propice, Jésus, pardonnez-nous.	
Propitius esto, exaudi nos, Jesu.		Soyez-nous propice, Jésus, exaucez nos prières.	
Ab omni peccato, Libera.		De tout péché, Délivrez-n.	
Ab irâ tuâ,		De votre colère,	
Ab insidiis diaboli,		Des embûches du démon,	

A spiritu fornicationis,
A morte perpetuâ,
A neglectu inspirationum tuarum,
Per mysterium sanctæ incarnationis tuæ,
Per nativitatem tuam,
Per infantiam tuam,
Per divinissimam vitam tuam,
Per labores tuos,
Per agoniam et passionem tuam,
Per crucem et derelictionem tuam,
Per languores tuos,
Per mortem et sepulturam tuam,
Per resurrectionem tuam,
Per ascensionem tuam,
Per gaudia tua,
Per gloriam tuam,

Libera nos, Jesu.

Agnus Dei, qui tollis peccata mundi, parce nobis, Jesu.

Agnus Dei, qui tollis peccata mundi, exaudi nos, Jesu.

Agnus Dei, qui tollis peccata mundi, miserere nobis, Jesu.

Jesu, audi nos.
Jesu, exaudi nos.

De l'esprit de fornication,
De la mort éternelle,
Du mépris de vos divines inspirations,
Par le mystère de votre sainte incarnation,
Par votre naissance,
Par votre enfance,
Par votre vie toute divine.
Par vos travaux,
Par votre agonie et par votre passion,
Par votre croix et par votre abandonnement,
Par vos souffrances,
Par votre mort et par votre sépulture,
Par votre résurrection,
Par votre ascension,
Par vos joies,
Par votre gloire,

Délivrez-nous, Jésus.

Agneau de Dieu, qui effacez les péchés du monde, pardonnez-nous, Jésus.

Agneau de Dieu, qui effacez les péchés du monde, exaucez-nous, Jésus.

Agneau de Dieu, qui effacez les péchés du monde, faites-nous miséricorde, Jésus.

Jésus, écoutez-nous.
Jésus, exaucez-nous.

OREMUS.

Domine Jesu Christe, qui dixisti : Petite et accipietis; quærite, et invenietis; pulsate, et aperietur vobis : quæsumus, da nobis petentibus, divinissimi tui amoris affectum, ut te toto corde, ore et opere diligamus, et à tuâ nunquam laude cessemus : Qui vivis et regnas in sæcula sæculorum. Amen.

PRIONS.

Seigneur J. C. qui avez dit : Demandez, et vous recevrez; cherchez, et vous trouverez; frappez, et il vous sera ouvert; nous vous supplions d'allumer en nous le feu de votre amour, afin que nous vous servions de tout notre cœur, et que jamais nous ne cessions de vous louer : Vous qui vivez et régnez dans les siècles des siècles. Ainsi soit-il.

Prière pour l'Angelus.

ANGELUS Domini nuntiavit Mariæ, et concepit de Spiritu sancto. Ave, etc.

L'ANGE du Seigneur a annoncé à Marie, et elle a conçu du Saint-Esprit. Je vous salue, Marie, etc.

Ecce ancilla Domini; fiat mihi secundùm verbum tuum. Ave, etc.

Voici la servante du Seigneur; qu'il me soit fait selon votre parole. Je vous salue, Marie, etc.

Et Verbum caro factum est, et habitavit in nobis. Ave, Maria, etc.

Et le Verbe s'est fait chair, et il a demeuré parmi nous, Je vous salue, Marie, etc.

OREMUS.

GRATIAM tuam, quæsumus, Domine, mentibus nostris infunde; ut qui, angelo nuntiante, Christi Filii tui incarnationem cognovimus, per passionem ejus et crucem ad resurrectionis gloriam perducamur; Per eumdem Christum Dominum nostrum.

℟. Amen.

PRIONS.

SEIGNEUR, nous vous supplions de répandre votre grâce dans nos âmes; afin qu'ayant connu par le ministère de l'ange l'incarnation de votre Fils, nous soyons conduits par sa croix et par sa mort à la gloire de sa résurrection: nous vous en prions par le même Jésus-Christ.

℟. Ainsi soit-il.

PRIÈRES DU SOIR.

Au nom du Père, etc.

Mettez-vous en la présence de Dieu, adorez-le.

JE vous adore, ô mon Dieu, avec la soumission que m'inspire la présence de votre souveraine grandeur. Je crois en vous, parce que vous êtes la vérité même. J'espère en vous, parce que vous êtes infiniment bon. Je vous aime de tout mon cœur, parce que vous êtes souverainement aimable, et j'aime le prochain comme moi-même pour l'amour de vous.

Remerciez Dieu des grâces qu'il vous a faites.

QUELLES actions de grâces vous rendrai-je, ô mon Dieu, pour tous les biens que j'ai reçus de vous? Vous avez songé à moi de toute éternité; vous m'avez tiré du néant; vous avez donné votre vie pour me racheter; et vous me comblez encore tous les jours d'une infinité de faveurs. Hélas ! Seigneur, que puis-je faire en reconnoissance de tant de bontés ? Joignez-vous à moi, esprits bienheureux, pour louer le Dieu des miséricordes, qui ne cesse de faire du bien à la plus indigne et la plus ingrate de ses créatures.

Demandez à Dieu de connoître vos péchés.

Source éternelle de lumières, Esprit saint, dissipez les ténèbres qui me cachent la laideur et la malice du péché. Faites m'en concevoir une si grande horreur, ô mon Dieu, que je le haïsse, s'il se peut, autant que vous le haïssez vous-même, et que je ne craigne rien tant que de le commettre à l'avenir.

Examinez-vous sur le mal commis, envers Dieu : *Omission ou négligence de vos devoirs de piété, irrévérence à l'Eglise, distractions volontaires dans vos prières, défaut d'attention, résistance à la grâce, juremens, murmures, manque de confiance et de résignation.*

Envers le prochain. *Jugemens téméraires, mépris, haine, jalousie, désir de vengeance, querelles, emportemens, imprécations, injures, médisances, railleries, faux rapports, dommages aux biens ou à la réputation, mauvais exemple, scandale, manque de respect, d'obéissance, de charité, de zèle, de fidélité.*

Envers vous-même : *Vanité, respect humain, mensonges, pensées, désirs, discours et actions contraires à la pureté; intempérance, colère, impatience, vie inutile et sensuelle, paresse à remplir les devoirs de votre état.*

Me voici, Seigneur, tout couvert de confusion, et pénétré de douleur à la vue de mes fautes. Je viens les détester devant vous, avec un vrai déplaisir d'avoir offensé un Dieu si bon, si aimable et si digne d'être aimé. Etoit-ce donc là, ô mon Dieu, ce que vous deviez attendre de ma reconnoissance, après m'avoir aimé jusqu'à répandre votre sang pour moi ? Oui, Seigneur; j'ai poussé trop loin ma malice et mon ingratitude. Je vous en demande très-humblement pardon, et je vous conjure, ô mon Dieu, par cette même bonté dont j'ai ressenti tant de fois les effets, de m'accorder la grâce d'en faire dès aujourd'hui, et jusqu'à la mort, une sincère pénitence.

Faites un ferme propos de ne plus pécher.

Que je souhaiterois, ô mon Dieu, ne vous avoir jamais offensé ! Mais puisque j'ai été assez malheureux que de vous déplaire, je vais vous marquer la douleur que j'en ai par une conduite toute opposée à celle que j'ai gardée jusqu'ici. Je renonce dès à présent au péché et à l'occasion du péché, surtout de celui où j'ai la foiblesse de retomber si souvent. Et si vous daignez m'accorder votre grâce, ainsi que je la demande et que je l'espère, je tâcherai de remplir fidèlement mes devoirs, et rien ne sera capable de m'arrêter quand il s'agira de vous servir. Ainsi soit-il.

Notre Père, qui êtes aux cieux, que votre nom soit sanctifié, que votre règne nous arrive, que votre volonté soit faite en la terre comme au ciel. Donnez-nous aujourd'hui notre pain quotidien; et nous pardonnez nos offenses comme nous pardonnons à ceux qui nous ont offensés. Et ne nous induisez point en tentation : mais délivrez-nous du mal. Ainsi soit-il.

Je vous salue, Marie, pleine de grâce, le Seigneur est avec vous, vous êtes bénie entre les femmes, et Jésus, le fruit de vos entrailles, est béni. Sainte Marie, mère de Dieu, priez pour nous, pauvres pécheurs, maintenant, et à l'heure de notre mort. Ainsi soit-il.

Je crois en Dieu le Père tout-puissant, créateur du ciel et de la terre; et en Jésus-Christ son Fils unique notre Seigneur; qui a été conçu du Saint-Esprit, qui est né de la Vierge Marie, qui a souffert sous Ponce Pilate, qui a été crucifié, qui est mort, et qui a été enseveli, qui est descendu aux enfers, et le troisième jour est ressuscité des morts, qui est monté aux cieux, qui est assis à la droite de Dieu le Père tout-puissant; et qui de là viendra juger les vivans et les morts. Je crois au Saint-Esprit, la sainte Eglise catholique, la communion des Saints, la rémission des péchés, la résurrection de la chair, la vie éternelle. Ainsi soit-il.

Je me confesse à Dieu tout-puissant, à la bienheureuse Marie toujours vierge, à saint Michel archange, à saint Jean-Baptiste, aux saints apôtres Pierre et Paul, à tous les Saints, et à vous, mon père, de tous les péchés que j'ai commis en pensées, paroles et œuvres : par ma faute, par ma propre faute, par ma très-grande faute : c'est pourquoi je prie la bienheureuse Marie toujours vierge, saint Michel archange, saint Jean-Baptiste, les saints Apôtres Pierre et Paul, et tous les Saints, et vous, mon père, de prier pour moi le Seigneur notre Dieu.

Que le Dieu tout-puissant nous fasse miséricorde, qu'il nous pardonne nos péchés, et nous conduise à la vie éternelle. Ainsi soit-il.

Que le Seigneur tout-puissant et miséricordieux nous donne indulgence, absolution et rémission de tous nos péchés. Ainsi soit-il.

Recommandez-vous à Dieu, à la sainte Vierge et aux Saints.

Bénissez, ô mon Dieu, le repos que je vais prendre pour réparer mes forces, afin de vous mieux servir. Vierge sainte, mère de mon Dieu, et après lui mon unique espérance; mon bon Ange, mon saint Patron, intercédez pour moi, protégez-moi pendant cette nuit, tout le temps de ma vie, et à l'heure de ma mort. Ainsi soit-il.

Priez pour les vivans et pour les fidèles trépassés.

Répandez, Seigneur, vos bénédictions sur mes parens, mes bienfaiteurs, mes amis et mes ennemis. Protégez tous ceux que vous m'avez donnés pour maîtres, tant spirituels que temporels. Secourez les pauvres, les prisonniers, les affligés, les voyageurs, les malades et les agonisans. Convertissez les hérétiques, et éclairez les infideles.

Dieu de bonté et de miséricorde, ayez aussi pitié des âmes des fidèles qui sont dans le purgatoire. Mettez fin à leurs peines, et donnez à celles pour lesquelles je suis obligé de prier, le repos et la lumière éternelle. Ainsi soit-il.

LITANIES DE LA SAINTE VIERGE.

Kyrie, eleison.	Seigneur, ayez pitié de nous.
Christe, eleison.	Jésus-Christ, ayez pitié de nous.
Kyrie, eleison.	Seigneur, ayez pitié de nous.
Christe, audi nos.	Jésus-Christ, écoutez-nous.
Christe, exaudi nos.	Jésus-Christ, exaucez-nous.
Pater de cœlis, Deus, miserere nobis.	Père céleste, qui êtes Dieu, ayez pitié de nous.
Fili, Redemptor mundi, Deus, miserere nobis.	Fils, Rédempteur du monde, qui êtes Dieu, ayez pitié de nous.
Spiritus sancte, Deus, miserere nobis.	Esprit saint, qui êtes Dieu, ayez pitié de nous.
Sancta Trinitas, unus Deus, miserere nobis.	Sainte Trinité, qui êtes un seul Dieu, ayez pitié de nous.
Sancta Maria, ora pro nobis.	Sainte Marie, priez pour nous.
Sancta Dei genitrix,	Sainte mère de Dieu,
Sancta Virgo virginum,	Sainte Vierge des vierges,
Mater Christi,	Mère de Jésus-Christ,
Mater divinæ gratiæ,	Mère de l'auteur de la grâce,
Mater purissima,	Mère très-pure,
Mater castissima,	Mère très-chaste,
Ora pro nobis.	Priez pour n.

Mater inviolata,	Ora pro nobis.	Mère toujours vierge,	Priez pour nous.
Mater intemerata,		Mère sans tache,	
Mater amabilis,		Mère aimable,	
Mater admirabilis,		Mère admirable,	
Mater Creatoris,		Mère du Créateur,	
Mater Salvatoris,		Mère du Sauveur,	
Virgo prudentissima,		Vierge très-prudente,	
Virgo veneranda,		Vierge vénérable,	
Virgo prædicanda,		Vierge digne de louange,	
Virgo potens,		Vierge puissante auprès de Dieu,	
Virgo clemens,		Vierge pleine de bonté,	
Virgo fidelis,		Vierge fidèle,	
Speculum justitiæ,		Miroir de justice,	
Sedes sapientiæ,		Temple de la sagesse éternelle,	
Causa nostræ lætitiæ,		Mère de celui qui fait toute notre joie,	
Vas spirituale,		Demeure du Saint-Esprit,	
Vas honorabile,		Vaisseau d'élection,	
Vas insigne devotionis,		Modèle de piété,	
Rosa mystica,		Rose mystérieuse,	
Turris Davidica,		Gloire de la maison de David,	
Turris eburnea,	Ora pro nobis.	Modèle de pureté,	Priez pour nous.
Domus aurea,		Sanctuaire de la charité,	
Fœderis arca,		Arche de la vraie alliance,	
Janua cœli,		Porte du ciel,	
Stella matutina,		Étoile du matin,	
Salus infirmorum,		Ressource des infirmes,	
Refugium peccatorum,		Refuge des pécheurs,	
Consolatrix afflictorum,		Consolatrice des affligés,	
Auxilium christianorum,		Secours des chrétiens,	
Regina Angelorum,		Reine des Anges,	
Regina Patriarcharum,		Reine des Patriarches,	
Regina Prophetarum,		Reine des Prophètes,	
Regina Apostolorum,		Reine des Apôtres,	
Regina Martyrum,		Reine des Martyrs,	
Regina Confessorum,		Reine des Confesseurs,	
Regina Virginum,		Reine des Vierges,	
Regina Sanctorum omnium,		Reine de tous les Saints,	
Agnus Dei, qui tollis peccata mundi, parce nobis, Domine.		Agneau de Dieu, qui effacez les péchés du monde, pardonnez-nous, Seigneur.	
Agnus Dei, qui tollis peccata mundi, exaudi nos, Domine.		Agneau de Dieu, qui effacez les péchés du monde, exaucez-nous, Seigneur.	

Agnus Dei, qui tollis peccata mundi, miserere nobis.

Agneau de Dieu, qui effacez les péchés du monde, ayez pitié de nous.

Christe, audi nos.

Jésus, écoutez-nous.

Christe, exaudi nos.

Jésus, exaucez-nous.

℣. Ora pro nobis, sancta Dei genitrix.

℣. Priez pour nous, sainte mère de Dieu.

℟. Ut digni efficiamur promissionibus Christi.

℟. Afin que nous devenions dignes de recevoir l'effet des promesses de Jésus-Christ.

ORAISON.

Nous vous supplions, Seigneur, de visiter cette demeure, et d'en éloigner toutes sortes d'embûches de l'ennemi : que vos saints anges y habitent, afin de nous conserver en paix, et que votre bénédiction soit toujours sur nous. Par notre Seigneur Jésus-Christ. Ainsi soit-il.

Prière à tous les Saints.

Ames très-heureuses, qui avez eu la grâce de parvenir à la gloire, obtenez-moi deux choses de celui qui est notre commun Dieu et père : que je ne l'offense jamais mortellement, et qu'il ôte de moi tout ce qui lui déplaît. Ainsi soit-il.

OUVERTURE DE LA MISSION.

N.° PREMIER.

Un Dieu vient se faire entendre,
Cher peuple, quelle faveur !
A sa voix il faut vous rendre ;
Il demande votre cœur.
Accourez, peuple fidèle,
Venez à la Mission :
Le Seigneur qui vous appelle,
Veut votre conversion.

Dans l'état le plus horrible
Le péché vous a réduits ;
Mais, à vos malheurs sensible,
Dieu vers vous nous a conduits.
Accourez, etc.

Sur vous il fera reluire
Une céleste clarté ;
Dans vos cœurs il va produire
Le feu de la charité.
Accourez, etc.

Trop long-temps, hélas ! le crime
A pour vous eu des attraits ;
Qu'un saint désir vous anime
A le bannir pour jamais.
Accourez, etc.

Loin de vous toute injustice,
Loin toute division ;
Que partout se rétablisse

La concorde et l'union.
Accourez, etc.

Du blasphème, du parjure,
Montrez une sainte horreur :
Plus en vous de flamme impure,
N'aimez plus que la pudeur,
Accourez, etc.

Évitez l'intempérance,
Et tout plaisir criminel :
Que chacun enfin ne pense
Qu'à son salut éternel.
Accourez, etc.

Sans tarder, changez de vie ;
Sur vos maux pleurez, pécheurs,
C'est Dieu qui vous y convie ;
N'endurcissez point vos cœurs.
Accourez, etc.

Quel bonheur inestimable,
Si, plein d'un vrai repentir,
De son état misérable
Tout pécheur vouloit sortir !
Accourez, etc.

Ah ! Seigneur, qu'enfin se fasse
Ce désiré changement ;
Dans les cœurs, par votre grâce,
Venez agir fortement.
Accourez, etc.

Brisez, ô Dieu de clémence,
Leur coupable dureté ;
Qu'une sainte pénitence
Lave leur iniquité.
Accourez, etc.

Accourez, peuple fidèle,
Venez à la Mission :
Le Seigneur qui vous appelle
Veut votre conversion.

N.° 2. INVOCATION.

O Saint-Esprit ! donnez-nous vos lumières,
Venez en nous pour nous embraser tous,
Pour nous régler et former nos prières :
Nous ne pouvons faire aucun bien sans vous.

Priez pour nous, sainte Vierge Marie ;
Obtenez-nous grâce auprès du Sauveur,
Pour écouter ses paroles de vie,
Et les garder, comme vous, dans nos cœurs.

N.° 3. AUTRE SUR LE MÊME SUJET.

Esprit-Saint, comblez nos vœux,
Embrasez nos âmes
Des plus vives flammes ;
Esprit-Saint, comblez nos vœux,
Embrasez nos âmes
De vos plus doux feux.
Esprit, etc.

Seul auteur de tous les dons,
De vous seul nous attendons
Tout notre secours,
Dans ces saints jours.
Esprit, etc.

Sans vous, en vain du don des cieux
Les rayons précieux
Brillent à nos yeux ;
Sans vous, notre cœur
N'est que froideur.
Esprit, etc.

N.° 4. RETOUR A DIEU.

Mon doux Jésus, enfin voici le temps
De pardonner à nos cœurs pénitens ;
Nous n'offenserons jamais plus
Votre bonté suprême, } *bis.*
O doux Jésus !

Puisqu'un pécheur vous a coûté si cher,
Faites-lui grace ; il ne veut plus pécher.
Ah ! ne perdez pas, cette fois,
La conquête admirable } *bis.*
De votre Croix.

Enfin, mon Dieu, nous sommes à genoux,
Pour vous prier de pardonner à tous ;
Pardonnez-nous, ô Dieu clément !
Lavez-nous de nos crimes } *bis.*
Dans votre sang.

N.° 5. POUR LA BÉNÉDICTION DU SAINT SACREMENT.

Dans ce profond mystère
Où la foi sait te voir,
Tout en nous te révère
Et fixe notre espoir ;
A la fin de la vie,
Divine Eucharistie,
Nourris du pain de ton amour,
Dans la cité chérie
Nous te verrons un jour.

Puisse notre tendresse
Obtenir de ton cœur,
La sublime sagesse
Qui mène au vrai bonheur.
A la fin de la vie, etc.

Que tout en nous s'unisse
Pour chanter tes bienfaits :
Que ta bonté bénisse
Nos vœux et nos souhaits.
A la fin de la vie, etc.

Sur nous daigne répandre
Tes bénédictions,
Et fais-nous bien comprendre
La grandeur de tes dons.
A la fin de la vie, etc.

N.° 6. AUTRE

POUR LA BÉNÉDICTION DU SAINT SACREMENT.

O Roi des Cieux !
Vous nous rendez tous heureux ;
Vous comblez tous nos vœux
En résidant pour nous dans ces lieux.
De notre bonheur
Vous êtes l'auteur.

Prodige d'amour,
Dans ce séjour
Vous vous immolez pour nous chaque jour ;
A l'homme mortel
Vous offrez un aliment éternel.
O Roi des Cieux ! etc.

Seigneur, vos enfans
Reconnoissans,
Vous offrent les plus tendres sentimens ;
Leurs cœurs sans retour,
Veulent brûler du feu de votre amour.
O Roi des Cieux ! etc.

Chantons tous en chœur
Gloire et honneur
A Jésus notre aimable Rédempteur !
Chantons à jamais
De son amour les éternels bienfaits.
O Roi des Cieux ! etc.

N.° 7. AUTRE

POUR LA BÉNÉDICTION DU SAINT SACREMENT.

Je vois s'ouvrir l'auguste tabernacle,
Sur cet autel paroît le Roi des Cieux ;
Heureux mortels ! ce Temple est un cénacle,
L'Esprit d'amour le remplit de ses feux. *(bis.)*

Divin Jésus, mon âme s'abandonne
Aux saints transports qu'inspire ton amour ;
O mon Sauveur, tu m'offres ta couronne,
Et tu ne veux que mon cœur en retour ! *(bis.)*

Je suis à toi, mais quelle est ma foiblesse !
Répands sur moi ta bénédiction ;
Soutiens mon cœur, daigne par ta tendresse
Eterniser cette heureuse union. *(bis.)*

N.° 8. LE SALUT.

Nous n'avons à faire
Que notre salut ; *(bis.)*
C'est là notre but,
C'est là notre unique affaire.
Nous serons heureux
En cherchant les cieux. *(bis.)*

Notre âme immortelle
Est faite pour Dieu ; *(bis.)*
La terre est trop peu,
Ou plutôt n'est rien pour elle.
Nous serons heureux
En cherchant les cieux. *(bis.)*

Perte universelle !
Perdre son Sauveur, *(bis.)*

Perdre son bonheur,
Perdre la vie éternelle !
Afin d'être heureux,
Nous cherchons les cieux. (*bis.*)

Prends pour toi la terre,
Avare indigent : (*bis.*)
Pour l'or et l'argent
Entreprends procès et guerre ;
Pour nous, plus heureux,
Nous cherchons les cieux. (*bis.*)

Recherche, âme immonde,
Selon tes désirs, (*bis.*)
Les biens, les plaisirs
Et les honneurs de ce monde ;
Pour nous, plus heureux,
Nous cherchons les cieux. (*bis.*)

Poursuis la fumée
D'un bien passager ; (*bis.*)
Gagne un monde entier :
Quel gain si l'âme est damnée !
Pour nous, plus heureux,
Nous cherchons les cieux. (*bis.*)

Nous cherchons la grâce,
Le reste n'est rien ; (*bis.*)
Ce n'est pas un bien,
Dès-lors qu'il trompe et qu'il passe.
Afin d'être heureux,
Nous cherchons les cieux. (*bis.*)

Point d'autre excellence
Que l'humilité ; (*bis.*)
Notre pauvreté
Fait toute notre abondance ;
L'objet de nos vœux,
C'est d'aller aux cieux. (*bis.*)

Notre savoir faire
Est tout dans la croix : (*bis.*)

Si nous sommes rois,
Ce n'est que sur le Calvaire.
L'objet de nos vœux,
C'est d'aller aux cieux. (*bis.*)

Nous cherchons la vie,
La gloire et la paix (*bis.*)
Qui dure à jamais ;
En avez-vous quelqu'envie ?
Venez, suivez-nous,
Et nous l'aurons tous. (*bis.*)

N.° 9. SUR LE MÊME SUJET.

TRAVAILLEZ à votre salut,
Quand on le veut, il est facile ;
Chrétiens, n'ayez point d'autre but ;
Sans lui, tout devient inutile. (*bis.*)
Sans le salut, (*bis.*) pensez-y bien,
Tout ne vous servira de rien. (*bis.*)

Oh ! que l'on perd en le perdant !
On perd le céleste héritage ;
Au lieu d'un bonheur si charmant,
On a l'enfer pour son partage. (*bis.*)
Sans le salut, (*bis.*), etc. (*bis.*)

Que sert de gagner l'univers,
Dit Jésus, si l'on perd son âme,
Et s'il faut au fond des enfers,
Brûler dans l'éternelle flamme ? (*bis.*)
Sans le salut (*bis.*), etc. (*bis.*)

Rien n'est digne d'empressement,
Si ce n'est la vie éternelle,
Le reste n'est qu'amusement ;
Tout n'est que pure bagatelle. (*bis.*)
Sans le salut (*bis.*), etc. (*bis.*)

C'est pour toute une éternité
Qu'on est heureux ou misérable :

Que, devant cette vérité,
Tout ce qui passe est méprisable ! (*bis.*)
Sans le salut (*bis.*), etc. (*bis.*)

Grand Dieu ! que tant que nous vivrons,
Cette vérité nous pénètre !
Ah ! faites que nous nous sauvions,
A quelque prix que ce puisse être. (*bis.*)
Sans le salut, (*bis.*) pensez-y bien,
Tout ne vous servira de rien. (*bis.*)

N.° 10. VANITÉS DU MONDE.

Tout n'est que vanité,
Mensonge, fragilité,
Dans tous ces objets divers
Qu'offre à nos regards l'Univers :
Tous ces brillans dehors,
Cette pompe,
Ces biens, ces trésors
Tout nous trompe,
Tout nous éblouit ;
Mais tout nous échappe et nous fuit.

Telles qu'on voit les fleurs
Avec leurs vives couleurs
Eclore, s'épanouir,
Se faner, tomber et périr ;
Tel est des vains attraits
Le partage :
Tel l'éclat, les traits
Du bel âge,
Après quelques jours,
Perdent leur beauté pour toujours.

En vain, pour être heureux,
Le jeune voluptueux
Se plonge dans les douceurs

Qu'offrent les mondains séducteurs;
Plus il suit les plaisirs
Qui l'enchantent,
Et moins ses désirs
Se contentent;
Le bonheur le fuit
A mesure qu'il le poursuit.

Que doivent devenir,
Pour l'homme qui doit mourir;
Ces biens long-temps ramassés,
Cet argent, cet or entassés?
Fût-il du genre-humain,
Seul le Maître,
Pour lui tout enfin
Cesse d'être:
Au jour de son deuil,
Il n'a plus à lui qu'un cercueil.

Que sont tous ces honneurs,
Ces titres, ces noms flatteurs;
Où vont de l'ambitieux
Les projets, les soins et les vœux?
Vaine ombre, pur néant,
Vil atome,
Mensonge amusant,
Vrai fantôme
Qui s'évanouit,
Après l'avoir toujours séduit.

Tel qui voit aujourd'hui
Ramper au-dessous de lui
Un peuple d'adorateurs,
Qui brigue à l'envi ses faveurs;
Tel devenu demain
La victime
D'un revers soudain
Qui l'opprime,
Nouveau malheureux,
Est esclave et rampe comme eux.

J'ai vu l'impie heureux
Porter son air fastueux
Et son front audacieux
Au-dessus du cédre orgueilleux ;
Au loin tout révéroit
Sa puissance ,
Et tout adoroit
Sa présence ;
Je passe , et soudain
Il n'est plus ; je le cherche en vain.

Que sont donc devenus
Ces grands, ces guerriers connus ,
Ces hommes dont les exploits
Ont soumis la terre à leurs lois ?
Les traits éblouissans
De leur gloire ,
Leurs noms florissans ,
Leur mémoire ,
Avec les héros
Sont entrés au sein des tombeaux.

Au savant orgueilleux
Que sert un génie heureux ;
Un nom devenu fameux
Par mille travaux glorieux !
Non , les plus beaux talens ,
L'éloquence ,
Les succès brillans ,
La science ,
Ne servent de rien
A qui ne sait vivre en Chrétien.

Arbitre des humains ,
Dieu seul tient entre ses mains
Les événemens divers
Et le sort de tout l'Univers ;
Seul , il n'a qu'à parler ,
Et la foudre
Va frapper , brûler ,

Mettre en poudre
Les plus grands héros,
Comme les plus vils vermisseaux.

La mort dans son courroux
Disperse à son gré ses coups;
N'épargne ni le haut rang,
Ni l'éclat auguste du sang.
Tout doit un jour mourir,
Tout succombe;
Tout doit s'engloutir
Dans la tombe:
Les sujets, les rois
Iront s'y confondre à-la-fois.

Oui, la mort à son choix,
Soumet tout âge à ses lois;
Et l'homme ne fut jamais
A l'abri d'un seul de ses traits:
Comme sur son retour,
La vieillesse,
Dans son plus beau jour,
La jeunesse,
L'enfance au berceau,
Trouvent tour-à-tour leur tombeau.

Oh! combien malheureux
Est l'homme présomptueux,
Qui, dans ce monde trompeur,
Croit pouvoir trouver son bonheur!
Dieu seul est immortel,
Immuable,
Seul grand, éternel,
Seul aimable.
Avec son secours,
Soyons à lui seul pour toujours.

N.° 11. REMORDS DU PÉCHEUR.

COMMENT goûter quelque repos
Dans les tourmens d'un cœur coupable ?
Loin de vous, ô Dieu tout aimable !
Tous les biens ne sont que des maux.
J'ai fui la maison de mon père,
A la voix d'un monde enchanté,
Il promet la félicité,
Mais il n'enfante que misère. *(bis.)*

Vois, me disoit-il, vois le temps
Emporter ta belle jeunesse :
Tu cueilles l'épine qui blesse,
Au lieu des roses du printemps.
Le perfide, pour ma ruine,
Cachoit l'épine sous les fleurs ;
Mais vous, ô Dieu plein de douceurs !
Vous cachez les fleurs sous l'épine. *(bis.)*

Créateur justement jaloux,
Ah ! voyez ma douleur profonde ;
Ce que j'ai souffert pour le monde,
Si je l'avois souffert pour vous !...
J'ai poursuivi, dans les alarmes,
Le fantôme des vains désirs :
Ah ! j'ai semé dans les plaisirs,
Et je moissonne dans les larmes. *(bis.)*

Qui me rendra de la vertu
Les douces, les heureuses chaînes ?
Mon cœur sous le poids de ses peines,
Succombe et languit abattu.
J'espérois, ô triste folie !
Vivre tranquille et criminel ;
J'oublîois l'oracle éternel :
Il n'est point de paix pour l'impie. *(bis.)*

De mon abîme, ô Dieu clément !
J'ose t'adresser ma prière ;
Cessas-tu donc d'être mon père,
Si je fus un indigne enfant ?
Hélas ! le lever de l'aurore
Aux pleurs trouve mes yeux ouverts ;
Et la nuit couvre l'univers,
Que mon âme gémit encore. *(bis.)*

N.° 12. DIEU ET LE PÉCHEUR.

Dieu.

Reviens, pécheur, à ton Dieu qui t'appelle,
Viens au plutôt te ranger sous sa loi :
Tu n'as été déjà que trop rebelle ;
Reviens à lui, puisqu'il revient à toi.

Le Pécheur.

Voici, Seigneur, cette brebis errante,
Que vous daignez chercher depuis long-temps :
Touché, confus d'une si longue attente,
Sans plus tarder, je reviens, je me rends.

Dieu.

Pour t'attirer, ma voix se fait entendre ;
Sans me lasser, partout je te poursuis :
D'un Dieu, pour toi, du père le plus tendre
J'ai les bontés, ingrat, et tu me fuis.

Le Pécheur.

Errant, perdu, je cherchois un asile,
Je m'efforçois de vivre sans effroi :
Hélas ! Seigneur, pouvois-je être tranquille,
Si loin de vous, et vous si loin de moi ?

Dieu.

Attraits, frayeurs, remords, secret langage,
Qu'ai-je oublié, dans mon amour constant ?
Ai-je, pour toi, dû faire davantage ?
Ai-je, pour toi, dû même faire autant ?

Le Pécheur.

Je me repens de ma faute passée ;
Contre le ciel, contre vous, j'ai péché ;
Mais oubliez ma conduite insensée,
Et ne voyez, en moi, qu'un cœur touché.

Dieu.

Si je suis bon, faut-il que tu m'offenses ?
Ton méchant cœur s'en prévaut chaque jour,
Plus de rigueur vaincroit ta résistance :
Tu m'aimerois si j'avois moins d'amour.

Le Pécheur.

Que je redoute un juge, un Dieu sévère,
J'ai prodigué des biens qui sont sans prix ;
Comment oser vous appeler mon père ?
Comment oser me dire votre fils ?

Dieu.

Marche au grand jour que t'offre ma lumière,
A sa faveur, tu peux faire le bien.
La nuit bientôt finira ta carrière ;
Funeste nuit où l'on ne peut plus rien.

Le Pécheur.

Dieu de bonté, principe de tout être,
Unique objet digne de nous charmer,
Que j'ai long-temps vécu sans vous connoître !
Que j'ai long-temps vécu sans vous aimer !

Dieu.

Ta courte vie est un songe qui passe,
Et de ta mort le jour est incertain.
Ce Dieu, si bon, qui te promet sa grâce,
Ne te promit jamais le lendemain.

Le Pécheur.

Votre bonté surpasse ma malice,
Pardonnez-moi ce long égarement :
Je le déteste, il fait tout mon supplice,
Et pour vous seul j'en pleure amèrement.

Dieu.

Le ciel doit-il te combler de délices
Dans le moment qui suivra ton trépas ;
Ou bien l'enfer t'accabler de supplices ?
C'est l'un des deux, et tu n'y penses pas.

Le Pécheur.

Je ne vois rien que mon cœur ne défie,
Malheurs, tourmens ou plaisirs les plus doux :
Non, fallût-il cent fois perdre la vie,
Rien ne pourra me séparer de vous.

N.° 13. SENTIMENS DE CONTRITION.

HÉLAS !
Quelle douleur
Remplit mon cœur,
Fait couler mes larmes !
Hélas !
Quelle douleur
Remplit mon cœur
De crainte et d'horreur !
Autrefois,
Seigneur sans alarmes,
De tes lois
Je goûtai les charmes :
Hélas !
Vœux superflus,
Beaux jours perdus,
Vous ne serez plus !....

La mort
Déjà me suit ;
O triste nuit !
Déjà je succombe.
La mort
Déjà me suit ;
Le monde fuit ;

Tout s'évanouit.
Je la vois
Entr'ouvrant ma tombe;
Et sa voix
M'appelle, et j'y tombe.
O mort!
Cruelle mort!
Si jeune encor!...
Quel funeste sort!...

Frémis,
Ingrat pécheur,
Un Dieu vengeur,
D'un regard sévère;
Frémis,
Ingrat pécheur,
Un Dieu vengeur
Va sonder ton cœur.
Malheureux!
Entends son tonnerre;
Si tu peux,
Soutiens sa colère.
Frémis,
Seul aujourd'hui,
Sans nul appui,
Parois devant lui.

Grand Dieu!
Quel jour affreux
Luit à mes yeux!
Quel horrible abîme!
Grand Dieu!
Quel jour affreux
Luit à mes yeux!
Quels lugubres feux!
Oui, l'enfer
Vengeur de mon crime,
Est ouvert,
Attend sa victime.
Grand Dieu!

Quel avenir !
Pleurer , gémir ,
Toujours te haïr !

Beau ciel !
Je t'ai perdu ,
Je t'ai vendu
Par de vains caprices.
Beau ciel !
Je t'ai perdu ;
Je t'ai vendu ;
Regret superflu !
Loin de toi
Toutes tes délices
Sont pour moi
De nouveaux supplices.
Beau ciel !
Toi que j'aimois ,
Qui me charmois ,
Ne te voir jamais !...

O vous ,
Enfans pieux ,
Toujours joyeux
Et pleins d'espérance !
O vous ,
Enfans pieux ,
Toujours joyeux !
Moi seul malheureux ;
J'ai voulu
Sortir de l'enfance ;
J'ai perdu
L'aimable innocence ;
O vous ,
Du ciel un jour
Heureuse cour !
Adieu , sans retour.

Non , non ,
C'est une erreur :

Dans mon malheur,
Hélas ! je m'oublie.
Non, non,
C'est une erreur :
Dans mon malheur,
Je trouve un Sauveur.
Il m'entend,
Me réconcilie ;
Dans son Sang
Je reprends la vie.
Non, non,
Je l'aime encor,
Et le remords
A changé mon sort.

Jésus !
Manne des cieux,
Pain des heureux !
Mon cœur te réclame ;
Jésus,
Manne des cieux,
Pain des heureux,
Viens combler mes vœux.
Désormais,
Ta divine flamme,
Pour jamais
Embrase mon âme.
Jésus !
O mon Sauveur !
Fais de mon cœur
L'éternel bonheur.

N.° 14. LE PÉCHEUR

INVOQUE LA MISÉRICORDE DE DIEU.

Seigneur, Dieu de clémence !
Reçois ce grand pécheur,
A qui la pénitence

Touche aujourd'hui le cœur;
Vois d'un œil secourable
L'excès de son malheur,
Et d'un cœur favorable
Accepte sa douleur.

Je suis un infidèle
Qui méconnus tes lois;
Un perfide, un rebelle,
Qui péchai mille fois.
Jamais dans l'innocence
Je n'ai coulé mes jours;
Toujours plus d'une offense
En a terni le cours.

Chargé de mille crimes,
Souvent j'ai mérité
D'entrer dans les abîmes
Pour une éternité.
J'ai peu craint la colère
De ton bras irrité,
Mais cependant j'espère,
Seigneur, en ta bonté.

Lorsqu'à ton indulgence
Un coupable a recours,
Des traits de ta vengeance
Ton cœur suspend le cours.
Rempli de confiance,
J'ose venir à toi :
Au nom de ta clémence,
Grand Dieu pardonne-moi.

Ah! quand je me rappelle
Combien je fus pécheur,
Une douleur mortelle
S'empare de mon cœur.
Par quel malheur extrême,
Ai-je offensé souvent
Un Dieu, la bonté même,
Un Dieu si bienfaisant.

Fuis loin, péché funeste,
Dont je fus trop charmé ;
Péché que je déteste,
Et que j'ai trop aimé !
O Dieu bon ! ô bon Père !
Tu vois mon repentir ;
Avant de te déplaire,
Plutôt, plutôt mourir.

C'est fait, je le proteste,
Plus de péché pour moi ;
Le ciel que j'en atteste,
Garantira ma foi.
Le Dieu qui me pardonne,
Aura tout mon amour !
A lui seul je me donne,
Sans bornes, sans retour.

N.° 15. MÊME SUJET.

A tes pieds, Dieu que j'adore,
Ramené par mes malheurs,
Tu vois mon cœur qui déplore
Ses écarts et ses erreurs.
Seigneur ! Seigneur !
Ah ! reçois, reçois encore, } *bis.*
Mes soupirs et ma douleur.
Seigneur, etc.

Si mon crime, qui te blesse,
Sollicite ton courroux,
La miséricorde te presse
De me sauver de tes coups.
Seigneur ! Seigneur !
J'attends tout de ta tendresse ; } *bis.*
Désarme ton bras vengeur.
Seigneur, etc.

Israël, jadis coupable,
Pleure ses égaremens;
Bientôt ta main secourable
En suspend les châtimens.
Seigneur! Seigneur!
Jette un regard favorable
Sur ce malheureux pécheur! } *bis.*
Seigneur, etc.

Je ne puis rien sans ta grâce;
Daigne donc me secourir;
Seul, j'ai causé ma disgrâce,
Seul, je ne puis revenir.
Seigneur! Seigneur!
L'espoir enfin a fait place
A ma trop juste frayeur. } *bis.*
Seigneur, etc.

Mes soupirs sont ton ouvrage;
Puisse mon cœur malheureux
Te venger de mon outrage
Et de mes coupables feux!
Seigneur! Seigneur!
Que mon cœur, long-temps volage,
N'aime plus que sa douleur!
Seigneur, Seigneur,
Que mon cœur, long-temps volage,
N'aime plus que sa douleur!

N.° 16. MÊME SUJET.

GRACE, grâce, suspens l'arrêt de tes vengeances
Et détourne un moment tes regards irrités;
J'ai péché, mais je pleure; oppose à mes offenses,
Oppose à leur grandeur celle de tes bontés.

Je sais tous mes forfaits, j'en connois l'étendue:
En tous lieux, à toute heure, ils parlent contre moi;

Par tant d'accusateurs mon âme confondue
Ne prétend pas contre eux disputer devant toi.

Tu m'avois par la main conduit dès ma naissance ;
Sur ma foiblesse en vain je voudrois m'excuser ;
Tu m'avois fait, Seigneur, goûter ta connoissance,
Mais, hélas ! de tes dons je n'ai fait qu'abuser.

De tant d'iniquités la foule m'environne :
Fils ingrat, cœur perfide, en proie à mes remords ;
La terreur me saisit, je frémis, je frissonne ;
Pâle, et les yeux éteints, je descends chez les morts.

Ma voix sort du tombeau ; c'est du fond de l'abîme
Que j'élève vers toi mes douloureux accens ;
Fais monter jusqu'au pied de ton trône sublime
Cette mourante voix et ces cris languissans.

O mon Dieu ! quoi ! ce nom, je le prononce encore :
Non, non, je t'ai perdu ; j'ai cessé de t'aimer.
O Juge ! qu'en tremblant je supplie et j'adore ;
Grand Dieu ! d'un nom plus doux je n'ose te nommer.

Dans les gémissemens, l'amertume et les larmes,
Je repasse des jours perdus dans les plaisirs :
Et voilà tout le fruit de ces jours pleins de charmes :
Un souvenir affreux, la honte et les soupirs.

Ces soupirs devant toi sont ma seule défense ;
Par eux un criminel espère t'attendrir.
N'as-tu pas un trésor de grâce et de clémence ?
Dieu de miséricorde, il est temps de l'ouvrir.

Où fuir, où me cacher, tremblante créature,
Si tu viens en courroux pour compter avec moi?
Que dis-je? Etre infini, ta grandeur me rassure;
Trop heureux de n'avoir à compter qu'avec toi.

Près d'une majesté si terrible et si sainte,
Que suis-je? un vil roseau: voudrois-tu le briser?
Hélas! si du flambeau la clarté s'est éteinte,
La mèche fume encor; voudrois-tu l'écraser?

Que l'homme soit pour l'homme un juge inexo-
[rable:
Où l'esclave auroit-il appris à pardonner?
C'est la gloire du maître: absoudre le coupable
N'appartient qu'à celui qui peut le condamner.

Tu le peux; mais souvent tu veux qu'il te dé-
[sarme:
Il te fait violence; il devient ton vainqueur:
Le combat n'est pas long, il ne faut qu'une larme;
Que de crimes efface une larme du cœur!

Jamais de toi, grand Dieu! tu nous l'as dit toi-
[même,
Un cœur humble et contrit ne sera méprisé;
Voilà le mien: regarde, et reconnois qu'il t'aime;
Il est digne de toi; la douleur l'a brisé.

Si tu le ranimois de sa première flamme,
Qu'il reprendroit bientôt sa joie et sa vigueur!
Mais non, fais plus pour moi; renouvelle mon
[âme,
Et daigne dans mon sein créer un nouveau cœur.

De mes forfaits alors je te ferai justice,
Et ma reconnoissance armera ma rigueur;
Tu peux me confier le soin de mon supplice,
Je serai contre moi mon juge et ton vengeur.

Le châtiment au crime est toujours nécessaire;
Ma grâce est à ce prix, il faut la mériter:

Je te dois, je le sais ; je te veux satisfaire ;
Donne-moi seulement le temps de m'acquitter.

Ah ! plus heureux celui que tu frappes en père :
Il connoît ton amour par ta sévérité ;
Ici bas, quels que soient les coups de ta colère,
L'enfant que tu punis n'est pas déshérité.

Coupe, brûle ce corps, prends pitié de mon âme :
Frappe, fais-moi payer tout ce que je te dois ;
Arme-toi dans le temps, du fer et de la flamme,
Mais dans l'éternité, Seigneur, epargne moi.

Quand j'aurois à tes lois obéi dès l'enfance,
Criminel en naissant, je ne dois que pleurer ;
Pour retourner à toi, la route est la souffrance ;
Loi triste, route affreuse.... entrons sans mur-
[murer.

De la main de ton Fils je reçois le calice,
Mais je frémis; je le sens dans la mienne trembler:
De ce trouble honteux mon cœur est-il complice?
Je suis le criminel, voudrois-je reculer ?

C'est ton Fils qui le tient ; que ma foi se rallume
Il en a bu lui-même, oserois-je en douter ?
Que dis-je ? il en a bu la plus grande amertume ;
Il m'en laisse le reste, et je n'ose en goûter.

Je me jette à tes pieds, ô Croix ! chaire sublime ;
D'où l'homme de douleurs intruit tout l'univers ;
Saint autel où l'amour embrase la victime ;
Arbre où mon Rédempteur a suspendu mes fers.

Drapeau du souverain qui marche à notre tête ;
Tribunal de mon juge, et trône de mon roi ;
Char du triomphateur dont je suis la conquête,
Lit où j'ai pris naissance, il faut mourir sur toi !

N.° 17. RETRAITE.

Plaisirs inouis,
Paix la plus parfaite,
Ce sont là tes fruits,
Charmante retraite :
Monde, je romps tes liens,
Pour goûter de si grands biens.

Oui, c'est dans ce lieu
Que le ciel m'appelle ;
Pour plaire à mon Dieu,
J'y cours avec zèle :
C'est là que mon Rédempteur
Veut s'assurer de mon cœur.

Quel ardent amour
Vous fîtes paroître
Pour ce beau séjour
Saint et divin maître,
Le désert fit vos plaisirs,
Et remplit tous vos désirs.

Tous les bienheureux
L'ont aimé de même,
J'en ferai comme eux
Mon bonheur suprême ;
Si l'on veut ne plus pécher,
Comme eux il faut se cacher.

Mes besoins, mes maux
Me disent sans cesse :
Va dans le repos
Chercher la sagesse ;
C'est dans le recueillement
Qu'on la trouve sûrement.

Précieux séjour,
Aimable retraite,
Ici, chaque jour,
Sans être distraite.
Mon âme dans son Sauveur,
Trouvera tout son bonheur.

Que de ses trésors
L'avare soit ivre;
Qu'à tous ses transports,
Le mondain se livre;
Retiré dans ce saint lieu,
Je les plains et bénis Dieu.

De mon Créateur
J'y vois la puissance,
De mon Rédempteur
L'insigne clémence,
Et de mon Juge irrité
La sévère autorité.

D'un air menaçant
Il me parle il tonne,
Ce Dieu tout-puissant
M'éblouit, m'étonne;
Il m'apprend ses saintes lois;
Mes yeux s'ouvrent à sa voix.

Mes crimes nombreux
S'offrent à ma vue:
Ah! qu'ils sont affreux!
J'en ai l'âme émue:
Je ne vois que châtiment,
Si je ne change à l'instant.

D'un pervers qui meurt
L'image effrayante,
D'un juge vengeur
La voix foudroyante
Troublent mon cœur tour à tour,
Et m'alarment nuit et jour.

L'enfer, à mes yeux,
Sous mes pieds s'entr'ouvre ;
Mille maux affreux
Ma foi m'y découvre :
Ah ! trop tard j'ai médité
La terrible éternité.

Je frémis des coups
D'un Dieu redoutable ;
Mais, ciel qu'il est doux !
Qu'il se rend aimable,
Quand, par un vrai repentir,
On veut à lui revenir !

Touché de mes pleurs,
Père, il me pardonne ;
De mille faveurs
Sa main me couronne :
Quelle ineffable bonté !
Ah ! j'en suis tout transporté.

Heureux les Chrétiens
Qui, dans la retraite,
Font de tous ces biens
L'entière conquête ;
Qui, par un prompt changement,
Se font un sort si charmant !

Pour bien profiter
De cet exercice,
Il faut s'écarter
Du monde et du vice,
Et sonder avec rigueur
Tous les replis de son cœur.

Prier fréquemment,
Garder le silence,
Voilà sûrement
L'unique science
Pour cueillir dans ce saint temps
Les fruits les plus abondans.

Apprenons donc tous,
Chrétiens, à nous taire,
Tandis que dans nous
L'Esprit-Saint opère :
En parlant nous traversons
Ses divines fonctions.

Venez tous, pécheurs,
Venez aux retraites,
Goûter des douceurs
Pures et parfaites ;
Venez, lavez dans vos pleurs
De vos crimes les horreurs.

N.° 18. LA MORT.

A LA mort, à la mort,
Pécheur, tout finira ;
Le Seigneur, à la mort,
Te jugera.

Il faut mourir, il faut mourir,
De ce monde il nous faut sortir ;
Le triste arrêt en est porté ;
Il faut qu'il soit exécuté.
A la mort, etc.

Comme une fleur qui se flétrit,
Ainsi l'homme bientôt périt ;
L'affreuse mort vient de ses jours
Dans peu de temps finir le cours.
A la mort, etc.

Pécheurs, approchez du cercueil ;
Venez confondre votre orgueil ;
Là tout ce qu'on estime tant
Est enfin réduit au néant.
A la mort, etc.

Filles pleines de vanité,
Que deviendra votre beauté ?
Vos traits sans forme et sans couleur
Vous rendront un objet d'horreur.
A la mort, etc.

O vous qui suivez vos désirs,
Qui vous plongez dans les plaisirs ;
Pour vous quel affreux changement
La mort va faire en ce moment !
A la mort, etc.

Plus de plaisirs, plus de douceurs :
Plus de pouvoirs, plus de grandeurs :
Ces biens dont vous êtes jaloux
Vont tout-à-coup périr pour vous.
A la mort, etc.

Adieu, famille, adieu, parens,
Adieu, chers amis, chers enfans ;
Votre cœur se désolera ;
Mais enfin tout vous quittera.
A la mort, etc.

Ce moment doit bientôt venir,
Mais on en fuit le souvenir ;
Et l'homme sans réflexion
Vit ainsi dans l'illusion.
A la mort, etc.

S'il falloit subir votre arrêt,
Chrétiens, qui de vous seroit prêt ?
Combien dont le funeste sort
Seroit une éternelle mort !
A la mort, etc.

N.° 19. LE JUGEMENT.

Il me semble le voir
Ce jour de désespoir,
De trouble et de vengeance,
Quand le Dieu redouté
Viendra dans sa puissance,
Punir l'iniquité.

J'entends le bruit fatal
Qui donne le signal
Pour embraser le monde.
Déjà les feux, les airs
Conspirent avec l'onde
Pour perdre l'Univers.

Des peuples éperdus
Et des rois confondus
La troupe consternée
Sortant des monumens;
Attend sa destinée,
La gloire ou les tourmens.

L'éternel, le vrai Dieu,
Sur un trône de feu,
Armé de son tonnerre,
Se fait voir à leurs yeux:
Tout frémit sur la terre
Tout tremble dans les cieux.

L'implacable vengeur,
Dans sa juste fureur,
Oubliant sa clémence,
Contre le criminel
Prononce la sentence:
L'arrêt est sans appel.

Allez, dit-il, pécheurs,
Dans ce lieu de douleurs,

Allez pleurer vos crimes;
Je vais lancer sur vous,
Au fond de ces abîmes,
Les traits de mon courroux.

Pour vous, heureux Élus,
Venez, ne craignez plus,
Les bénis de mon Père,
Suivez-moi dans les cieux;
Ce séjour de lumière
Remplira tous vos vœux.

N.° 20. MÊME SUJET.

Dieu va déployer sa puissance ;
Le temps comme un songe s'enfuit :
Les siècles sont passés, l'éternité commence;
Le monde va rentrer dans l'horreur de la nuit.
Dieu, etc.

J'entends la trompette effrayante :
Quels bruits ! quels lugubres éclairs !
Le Seigneur a lancé sa foudre étincelante,
Et ses feux dévorans embrasent l'Univers.
J'entends, etc.

Les monts foudroyés se renversent,
Les êtres sont tous confondus ;
La mer ouvre son sein, les ondes se dispersent ;
Tout est dans le chaos, et la terre n'est plus.
Les monts, etc.

Sortez des tombeaux, ô poussière !
Dépouilles des pâles humains :
Le Seigneur vous appelle ; il vous rend la lumière ;
Il va sonder vos cœurs, et fixer vos destins.
Sortez, etc.

Il vient... tout est dans le silence
Sa croix porte au loin la terreur :
Le pécheur consterné frémit en sa présence,

Et le juste lui-même est saisi de frayeur.
Il vient, etc.

Assis sur un trône de gloire,
Il dit : Venez, ô mes Élus !
Comme moi vous avez remporté la victoire ;
Recevez de mes mains le prix de vos vertus.
Assis, etc.

Tombez dans le sein des abîmes ;
Tombez, pécheurs audacieux ;
De mon juste courroux immortelles victimes,
Vils suppôts des démons, vous brûlerez comme eux.
Tombez, etc.

Vous n'êtes plus, vaines chimères,
Objet d'un sacrilége amour :
Fléaux du genre humain, oppresseurs de vos frères,
Héros tant célébrés, qu'êtes-vous en ce jour ?
Vous n'êtes plus, etc.

Triste éternité de supplices,
Tu vas donc commencer ton cours :
De l'heureuse Sion ineffables délices,
Bonheur, gloire des Saints, vous durerez toujours.
Triste éternité, etc.

Grand Dieu ! qui sera la victime
De ton implacable fureur ?
Quel noir pressentiment me tourmente et m'opprime !
La crainte et les remords me déchirent le cœur.
Grand Dieu ! etc.

De tes jugemens, Dieu sévère,
Pourrai-je oublier les rigueurs ?
J'ai péché ; mais ton sang désarme ta colère ;
J'ai péché ; mais mon crime est éteint dans mes pleurs.
De tes jugemens, etc.

N.° 21. ENFER.

QUELLE fatale erreur, quel charme nous entraîne ?
Rien n'égala jamais notre stupidité ;
Il est pour les pécheurs une éternelle peine,
Et nous aimons l'iniquité. (*bis.*)

De Dieu, sur nos excès, voyant le long silence,
On croit qu'impunément on le peut offenser ;
Mais s'il exerce tard sa terrible vengeance,
Son temps viendra de l'exercer. (*bis.*)

C'est après notre mort, que montrant sa justice
Il sait rendre à chacun ce qu'il a mérité ;
Mais, soit qu'alors sa main récompense ou punisse,
C'est pour toute une éternité. (*bis.*)

Devant Dieu, les damnés seront toujours coupables ;
En mourant criminels, ils sont morts endurcis :
Il faut donc qu'en enfer, des maux toujours durables
De tant de forfaits soient le prix. (*bis.*)

La beauté du Seigneur, l'éternel héritage,
Les plaisirs ravissans du céleste séjour,
Jamais des réprouvés ne seront le partage :
Ils ont tout perdu sans retour. (*bis.*)

O brasiers de l'enfer, ô flammes dévorantes !
Qu'un Dieu, dans son courroux, ne cesse d'allumer.
Vous brûlez le pécheur, dans ces prisons ardentes,
Hélas ! mais sans le consumer. (*bis.*)

Que la mort pour toujours leur semble désirable !

Ils voudroient n'être plus, pour cesser de souffrir ;
Mais c'est du ciel contre eux l'arrêt irrévocable :
Souffrir toujours, jamais mourir. (*bis.*)

Toujours dans leurs tourmens la même violence !
Non, ils n'espèrent point un état plus heureux :
Est-il, dans les enfers, un rayon d'espérance ?
Toujours un désespoir affreux. (*bis.*)

Un mal, quoique léger, nous semble insupportable,
Lorsque c'est pour long-temps qu'il nous faut l'endurer ;
Mais l'enfer est le mal le plus intolérable,
Et l'enfer doit toujours durer. (*bis.*)

Après avoir souffert des millions d'années,
Et le plus long des temps que l'esprit peut penser,
Les damnés, loin de voir leurs peines terminées,
Les sentiront recommencer. (*bis.*)

De ces peines sans fin la pensée accablante
Afflige leur esprit, sans cesser un moment :
L'éternité pour eux toute entière est présente.
L'éternité fait leur tourment. (*bis.*)

Eternels hurlemens, tortures éternelles ;
Feux, brasiers éternels, éternelle fureur ;
O peines de l'enfer, que vous êtes cruelles !
Je le crois, et je suis pécheur ! (*bis.*)

O vous, cœurs obstinés, aveuglés dans le crime,
Qui ne redoutez point les coups vengeurs des cieux,
Un jour, ensevelis dans l'éternel abîme,
Trop tard vous ouvrirez les yeux ! (*bis.*)

Craignons, mortels, craignons ce gouffre formidable ;

Portons-en dans l'esprit un souvenir constant :
Le vice alors pour nous n'aura plus rien d'aimable,
La vertu rien de rebutant. (*bis.*)

Grand Dieu, Dieu tout-puissant, terrible en vos vengeances,
Purifiez nos cœurs avant notre trépas :
Coupez, brûlez, tranchez, punissez nos offenses
Pour toujours ne nous perdez pas. (*bis.*)

N.° 22. PURGATOIRE.

Au fond des brûlans abîmes,
Nous gémissons, nous pleurons;
Et pour expier nos crimes,
Loin de Dieu nous y souffrons.
Hélas! hélas!
Feu vengeur de tes victimes,
Les pleurs ne t'éteignent pas. } *bis.*
Hélas! hélas! etc.

A l'aspect de nos supplices,
Chrétiens, attendrissez-vous :
A nos maux soyez propices
O nos frères! sauvez-nous.
Hélas! hélas!
Le Ciel, sans vos sacrifices,
Ne les abrégera pas. } *bis.*
Hélas! hélas! etc.

De ces flammes dévorantes
Vous pouvez nous arracher :
Hâtez-vous, âmes ferventes,
Dieu se laissera toucher.
Hélas! hélas!
De ces peines si cuisantes
La fin ne vient-elle pas? } *bis.*
Hélas! hélas! etc.

Grand Dieu ! de votre justice
Désarmez le bras vengeur :
Que notre malheur finisse
Par le sang d'un Dieu sauveur !
Hélas ! hélas !
Votre main libératrice
Ne s'ouvrira-t-elle pas !
Hélas ! hélas ! etc. } *bis.*

N.° 23. LE CIEL.

SAINTE cité, demeure permanente,
Sacré palais qu'habite le grand Roi,
Où doit un jour régner l'âme innocente,
Quoi de plus doux que de penser à toi !
O ma patrie !
O mon bonheur !
Toute ma vie
Sois le vœu de mon cœur. } *bis.*

Dans tes parvis tout n'est plus qu'allégresse ;
C'est un torrent des plus chastes plaisirs ;
On ne ressent ni peine ni tristesse,
On ne connoît ni plainte ni soupirs.
O ma patrie ! etc.

Tes habitans ne craignent plus d'orage ;
Ils sont au port, ils y sont pour jamais ;
Un calme entier devient leur doux partage ;
Dieu dans leur cœur verse un fleuve de paix.
O ma patrie ! etc.

De quel éclat ce Dieu les environne !
Ah ! je les vois tout brillans de clarté ;
Rien ne sauroit y flétrir leur couronne :
Leur vêtement est l'immortalité.
O ma patrie ! etc.

Pour les Élus il n'est point d'inconstance,
Tout est soumis au joug du saint amour ;

L'affreux péché n'a plus là de puissance ;
Tout bénit Dieu dans cet heureux séjour.
O ma patrie ! etc.

Beauté divine, ô beauté ravissante !
Tu fais l'objet du suprême bonheur :
O quand naîtra cette aurore brillante
Où nous pourrons contempler ta splendeur ?
O ma patrie ! etc.

Puisque Dieu seul est notre récompense,
Qu'il soit aussi la fin de nos travaux ;
Dans cette vie un moment de souffrance
Mérite au ciel un éternel repos.
O ma patrie !
O mon bonheur ! } *bis.*
Toute ma vie
Sois le vœu de mon cœur.

N.° 24. RÉNOVATION

DES VOEUX DU BAPTÊME.

J'ENGAGEAI ma promesse au baptême ;
Mais pour moi d'autres firent serment.
Dans ce jour je vais parler moi-même :
Je m'engage aujourd'hui librement.
Je m'engage, etc.

Je crois donc en un Dieu trois personnes :
De mon sang je signerai ma foi.
Foible esprit, vainement tu raisonnes ;
Je m'engage à le croire, et je crois.
Je m'engage, etc.

A la foi de ce premier Mystère
Je joindrai la foi d'un Dieu Sauveur ;
Sous les lois de l'Eglise ma mère,
Je m'engage et d'esprit et de cœur,
Je m'engage, etc.

Sur ces Fonts, dans cette eau salutaire,
Pour enfant Dieu daigna m'adopter ;
Si j'en ai souillé le caractère,
Je m'engage à le mieux respecter.
Je m'engage, etc.

Je renonce aux pompes de ce monde,
A la chair, à tous ses vains attraits :
Loin de moi, Satan, esprit immonde,
Je m'engage à te fuir pour jamais.
Je m'engage, etc.

Ah! Seigneur, qui sait bien vous connoître,
Sent bientôt que votre joug est doux :
C'en est fait, je n'ai plus d'autre Maître,
Je m'engage à ne servir que vous.
Je m'engage, etc.

Sur vos pas, ô mon divin Modèle,
Plus heureux qu'à la suite des rois,
Plein d'horreur pour ce monde infidèle,
Je m'engage à porter votre croix.
Je m'engage, etc.

Puisqu'enfin dans le ciel, ma patrie,
De mes biens vous serez le plus doux,
Dès ce jour, et pour toute ma vie,
Je m'engage, et je suis tout à vous.
Je m'engage, etc.

N.° 25. MÊME SUJET.

Une voix.

Quand l'eau sainte du Baptême
Coula sur vos fronts naissans,
Et qu'un Dieu, la bonté même,
Vous adopta pour enfans,
Muets encore,
D'autres promirent pour vous :
Aujourd'hui confessez tous
La foi dont un Chrétien s'honore.

Tous les Fidèles.

Foi de nos pères,
Notre règle et notre amour,
Nous embrassons, dans ce jour,
Et ta morale et tes mystères.

En vain, à ma foi soumise,
S'oppose un orgueil trompeur;
Sur les traces de l'Eglise,
Puis-je marcher dans l'erreur?
Trinité sainte,
Je te confesse et te crois,
Et je t'adore trois fois,
Et plein d'amour et plein de crainte.
Foi de nos pères; etc.

Annoncé par mille oracles,
Et de la terre l'espoir,
L'Homme-Dieu, par ses miracles,
Fait éclater son pouvoir.
Victime pure,
Il triomphe du trépas:
Et je n'adorerois pas
En lui, l'Auteur de la nature!
Foi de nos pères, etc.

Que sa morale est divine!
Que sa parole a d'attrait!
Tous les cœurs qu'il illumine
Il les console en secret.
Et l'on blasphème
Ce Dieu fait homme pour nous!
Ingrats! tombez à genoux....
Voyez s'il mérite qu'on l'aime.
Foi de nos pères, etc.

Par un funeste héritage,
Nos parens, avec le jour,
Nous transmirent en partage
La haine d'un Dieu d'amour.

J'implore et crie :
Dieu s'offense de mes pleurs ;
Mais Jésus a dit : Je meurs,
Et sa mort me rend à la vie.
Foi de nos pères, etc.

Ciel, quelle robe éclatante!
Quel bain pur et bienfaisant!
Quelle parole puissante
D'un Dieu m'a rendu l'enfant
Je te baptise.....
Le ciel s'ouvre, plus d'enfer,
Et des Anges le concert
M'introduit au sein de l'Eglise.
Foi de nos pères, etc.

De quel œil de complaisance
Vous me vîtes, ô mon Dieu,
Quand, revêtu d'innocence,
On m'emporta du saint lieu!
Pensée amère!
O beau jour trop tôt passé!
Hélas! je me suis lassé,
Mon Dieu, de vous avoir pour père.
Foi de nos pères, etc.

J'ai blessé votre tendresse,
Violé vos saintes lois :
Vous me rappeliez sans cesse,
Je repoussois votre voix.
Du moins mes larmes
Obtiendront-elles pardon ?
Seigneur, de votre maison
Je puis encor goûter les charmes.
Foi de nos pères, etc.

Loin de moi, monde profane ;
Fuis, ô plaisir séduisant :
L'Évangile vous condamne,
Vous blessez en caressant.

Sous votre empire,
Mon Dieu, sont les vrais trésors;
Vos douceurs sont sans remords,
C'est pour elles que je soupire.
Foi de nos pères, etc.

Loin de ces tentes coupables,
Où s'agite le pécheur,
Sous vos pavillons aimables
Je trouverai le bonheur:
Avant l'aurore,
Mon cœur vous appellera;
Et quand le jour finira,
Mes chants vous béniront encore.
Foi de nos pères, etc.

N.° 26. CONFESSION.

O Malheureux qui gémissez
Dans la misère, dans l'abîme!
O vous, pécheurs, qui succombez
Sous le poids énorme du crime!
Voulez-vous recouvrer la paix,
Dieu, sa grâce et votre innocence?
Venez confesser vos excès
Au trône de la pénitence.

Voulez-vous désarmer le Ciel,
Briser les traits de sa justice?
Voulez-vous fléchir l'Éternel,
Et vous le rendre plus propice?
Venez avouer humblement
Au ministre de sa clémence,
Vos fautes, votre égarement,
Et recevoir la pénitence.

Si vous osez douter, mortel,
De la puissance de l'Eglise,
Ecoutez l'oracle du Ciel:
Que toute âme lui soit soumise;

Sera délié dans les cieux
Ce qu'elle absoudra sur la terre ;
Sans ce jugement précieux ,
Redoutez de Dieu le tonnerre.

Voyez couler au tribunal
Le Sang de la sainte Victime
Qui doit laver l'arrêt fatal
Qu'avoit encouru votre crime.
Voyez les Anges s'empresser
A célébrer l'heureuse fête
Qui, dans les cieux, doit annoncer
Votre retour et leur conquête.

Dès que vous aurez fait l'aveu
De vos péchés, de vos offenses,
Vont s'échapper des mains de Dieu,
Les traits de ses justes vengeances.
Sur vous brillera le rayon
De ses plus éclatantes grâces ;
Il effacera, ce Dieu bon,
De vos péchés jusques aux traces.

Les cieux, par vos nobles efforts,
Vont se rouvrir sur votre tête ;
De leur gloire tous les trésors
Vont devenir votre conquête.
Vous allez fermer, à vos yeux,
De l'enfer les affreux abîmes ;
Vos larmes éteindront les feux
Allumés pour punir vos crimes.

Ne voyez dans le confesseur,
Que le ministre de Dieu même ;
Le ministre de sa douceur,
De sa miséricorde extrême.
Comme le bon Samaritain,
Son cœur prendra part à vos peines.
Au nom d'un Dieu sauveur, sa main
Brisera vos pesantes chaînes.

Approchez donc d'un cœur contrit,
Avec une douleur amère ;
Au ministre de Jésus-Christ
Faites l'aveu le plus sincère :
Dieu vous rendra son tendre amour,
Vos droits à la gloire immortelle ;
Sa main va du divin séjour
Vous rouvrir la porte éternelle.

Mais si vous veniez sans douleur
A ce tribunal admirable,
Ah ! vous souilleriez votre cœur
D'un sacrilége abominable.
Si vous taisiez quelques péchés,
Ou si vous déguisiez vos vices,
Ils vous seroient tous reprochés
Au jour terrible des justices.

Avez-vous le bien du prochain ?
Rendez-le au maître légitime ;
Arrachez l'œil, coupez la main
Qui sont l'occasion du crime.
Si vous avez des ennemis,
Dans vos cœurs étouffez la haine ;
Qu'enfin, pour vos péchés commis,
Votre douleur soit souveraine.

Dès que vous fuirez constamment
Les plaisirs, les dangers du monde,
Pour vous sera ce sacrement
De biens une source féconde.
Dans votre cœur, l'amour de Dieu
Ranimera sa flamme éteinte ;
Vous ne formerez plus qu'un vœu,
De vivre et mourir dans sa crainte.

C'est alors que vous goûterez
Combien le Seigneur est aimable ;
C'est alors que vous trouverez
Son joug léger, doux, agréable.

Les croix, les soupirs, la douleur
Auront pour vous les plus doux charmes:
Vous trouverez de la douceur
Même à verser pour Dieu des larmes.

N.° 27. SENTIMENS DE PIÉTÉ

POUR LA COMMUNION.

Mon Bien-aimé ne paroît pas encore :
Trop longue nuit, dureras-tu toujours ?
Nuit que j'abhorre,
Hâte ton cours ;
Rends-moi Jésus, ma joie et mes amours.
Pour être heureux, je n'attends que l'aurore.

De ton flambeau déjà les étincelles,
Astre du jour, raniment mes désirs :
Tu renouvelles
Tous mes soupirs.
Servez mes vœux, avancez mes plaisirs,
Anges du Ciel, portez-moi sur vos ailes.

Je t'aperçois, asile redoutable
Où l'Eternel descend de sa grandeur ;
Temple adorable
Du Rédempteur ;
Si dans tes murs il voile sa splendeur,
Ce Dieu d'amour n'en est que plus aimable.

Sans nul éclat le vrai Dieu va paroître
De cet Autel il vient s'unir à moi.
Est-ce mon maître ?
Est-ce mon roi ?
Laissez, mes yeux, laissez agir ma foi :
Un œil chrétien ne peut le méconnoître.

Du Roi des Rois je suis le tabernacle :
Oui, de mon âme un Dieu devient l'époux.
Charmant spectacle !

Espoir trop doux !
Rendez, grand Dieu ! mon cœur digne de vous :
Votre amour seul peut faire ce miracle.

Je m'attendris sans trouble et sans alarmes ;
Amour divin, je ressens vos langueurs ;
Heureuses larmes !
Aimables pleurs !
Oh ! que mon cœur y trouve de douceurs !
Tous vos plaisirs mondains ont-ils ces charmes ?

Tristes penchans, malheureux fruits du crime,
C'est vous qu'il veut que j'immole à son choix :
Ce Dieu m'anime,
Suivons ses lois :
Parlez, Seigneur, j'écoute votre voix ;
Mon cœur est prêt, nommez-lui la victime.

Ce pain des forts soutiendra mon courage ;
Venez, démons de mon bonheur jaloux ;
Que votre rage
Vous arme tous ;
Je ne crains point vos plus terribles coups ;
De ma victoire un Dieu devient le gage.

Il me remplit d'une douce espérance,
Qui me suivra plus loin que le trépas,
Si sa puissance
Soutient mon bras.
C'est peu pour lui d'animer mes combats,
Il veut encore être ma récompense.

Pour un pécheur, que sa tendresse est grande
Qu'elle mérite un généreux retour !
Dieu ! quelle offrande
Pour tant d'amour !
Prenez mon cœur, je vous l'offre en ce jour :
Ce cœur suffit, c'est tout ce qu'il demande.

N.° 28. SUR LE MYSTÈRE DE L'EUCHARISTIE.

Par les chants les plus magnifiques
Sion, célèbre ton Sauveur;
Exalte dans tes saints cantiques
Ton Dieu, ton chef et ton pasteur.
Redouble aujourd'hui, pour lui plaire,
Tes transports, tes soins empressés :
Jamais tu n'en pourras trop faire, } *bis.*
Tu n'en feras jamais assez.

Ouvre ton cœur à l'allégresse,
A tout le feu de tes transports,
Lorsque son immense largesse
T'ouvre elle-même ses trésors :
Près de consommer son ouvrage,
Il consacre son dernier jour
A te laisser ce tendre gage } *bis.*
Qui mit le comble à son amour.

Offert sur la table mystique,
L'Agneau de la nouvelle loi
Termine enfin la Pâque antique
Qui figuroit le nouveau roi :
La vérité succède à l'ombre,
La loi de crainte se détruit;
La clarté chasse la nuit sombre, } *bis.*
Et la loi de grâce nous luit.

Jésus de son amour extrême
Veut éterniser le bienfait;
Ce que d'abord il fit lui-même,
Le prêtre à son ordre le fait;
Il change, ô prodige admirable!
Qui n'est aperçu que des cieux,
Le pain en son Corps adorable, } *bis.*
Le vin en son Sang précieux.

L'œil se méprend, l'esprit chancèle :
Il cherche d'un Dieu la splendeur ;
Mais toujours ferme, un vrai fidèle,
Sans hésiter voit son Seigneur :
Son Sang pour nous est un breuvage,
Sa Chair devient notre aliment ;
Les espèces sont le nuage } *bis.*
Qui nous le couvre au sacrement.

On voit le juste et le coupable
S'approcher du banquet divin,
Se ranger à la même table,
Prendre place au même festin.
Chacun reçoit la même hostie,
Mais qu'ils diffèrent dans leur sort !
Le juste tremble et boit la vie, } *bis.*
L'impie affronte et boit la mort.

Ce fils, sous la main paternelle,
Près de se voir percer le flanc ;
Cette victime solennelle,
Dont l'Hébreu vit couler le sang ;
La manne au goût délicieuse,
Qui tous les jours tomboit des cieux,
Sont la figure précieuse } *bis.*
Du prodige offert à nos yeux.

Je te salue, ô pain de l'Ange !
Aujourd'hui pain du voyageur ;
Toi que j'adore et que je mange,
Ah ! viens dissiper ma langueur.
Loin de toi l'impur, le profane,
Pain réservé pour les enfans,
Mets des Élus, céleste manne, } *bis.*
Objet seul digne de nos chants.

Au secours de notre misère
Jésus se livre entièrement ;
Dans la crèche il est notre frère,
Et sur l'autel notre aliment ;
Quand il mourut sur le Calvaire,

Il fut la rançon du pécheur ;
Triomphant dans son sanctuaire ,
Il est du Juste le bonheur. } *bis.*

Honneur , amour , louange et gloire
Te soient rendus , ô bon Pasteur !
Vis à jamais dans ma mémoire ,
Sois toujours gravé dans mon cœur.
O pain des forts ! par ta puissance
Soulage mon infirmité ;
Fais qu'engraissé de ta substance ,
Je règne dans l'éternité. } *bis.*

N.° 29. ACTES AVANT LA COMMUNION.

Troupe innocente
D'enfans chéris des cieux ,
Dieu vous présente
Son festin précieux.
Il veut , ce doux Sauveur ,
Entrer dans votre cœur ;
Dans cette heureuse attente ,
Soyez pleins de ferveur ,
Troupe innocente.

Acte de foi et d'Adoration.

Mon divin maître ,
Par quel amour , comment
Daignez-vous être
Dans votre sacrement ?
Vous y venez pour moi :
Plein d'une vive foi ,
J'y viens vous reconnoître
Pour mon sauveur , mon roi ,
Mon divin maître.

Acte d'Humilité.

Dieu de puissance ,
Je ne suis qu'un pécheur :

Votre présence
Me remplit de frayeur ;
Mais pour voir effacés
Tous mes péchés passés,
Un seul trait de clémence,
Un mot seul est assez,
Dieu de puissance.

Acte de Contrition.

Mon tendre père,
Acceptez les regrets
D'un cœur sincère,
Honteux de ses excès.
Vous m'en verrez gémir
Jusqu'au dernier soupir ;
Avant de vous déplaire,
Puissé-je ici mourir,
Mon tendre père !

Acte d'Amour.

Plus je vous aime,
Plus je veux vous aimer,
O bien suprême,
Qui seul peut me charmer !
Mais, ô Dieu plein d'attraits !
Quand avec vos bienfaits
Vous vous donnez vous-même,
Plus en vous je me plais,
Plus je vous aime.

Acte de désir.

Que je désire
De ne m'unir qu'à vous ?
Que je soupire
Après un bien si doux !
O quand pourra mon cœur
Goûter tout le bonheur
D'être sous votre empire !
Hâtez-moi la faveur
Que je désire.

N.° 30. POUR L'ÉLÉVATION.

Que cette voûte retentisse
Des voix et des chants des mortels;
Que tout ici s'anéantisse :
Jésus paroît sur nos autels.

Quoique caché dans ce mystère,
Sous les apparences du pain,
C'est notre Dieu, c'est notre père ;
C'est le Sauveur du genre humain.

O divin époux de nos âmes !
Dans cet auguste Sacrement,
Embrasez-nous tous de vos flammes,
En vous faisant notre aliment.

N.° 31. MÊME SUJET.

Qu'ils sont aimés, grand Dieu ! tes tabernacles !
Qu'ils sont aimés et chéris de mon cœur !
Là, tu te plais à rendre tes oracles ;
La foi triomphe, et l'amour est vainqueur.

Qu'il est heureux, celui qui te contemple,
Et qui soupire au pied de tes autels !
Un seul moment qu'on passe dans ton temple
Vaut mieux qu'un siècle au palais des mortels.

Je nage au sein des plus pures délices ;
Le Ciel entier, le Ciel est dans mon cœur.
Dieu de bonté, de foibles sacrifices
Méritoient-ils cet excès de bonheur ?

En les comblant, par un charme suprême,
Un Dieu puissant irrite mes désirs :
Il me consume, et je sens que je l'aime ;
Et cependant je m'exhale en soupirs.

Autour de moi les Anges en silence,
D'un Dieu caché contemplent la splendeur.
Anéantis en sa sainte présence,
O Chérubins, enviez mon bonheur!

Et je pourrois à ce monde qui passe
Donner un cœur par Dieu même habité!
Non, non, mon Dieu, je puis tout par ta grâce;
Dieu, sauve-moi de ma fragilité.

En Souverain règne, commande, immole;
Règne surtout par le droit de l'amour.
Adieu, plaisirs, adieu, monde frivole:
A Jésus seul j'appartiens sans retour.

N.° 32. RÉSOLUTIONS

APRÈS LA SAINTE COMMUNION.

Le monde en vain, par ses biens et ses charmes
Veut m'engager à plier sous sa loi;
Mais pour me vaincre, il faut bien d'autres armes,
Je ne crains rien, Jésus est avec moi.

Venez, venez, fiers enfans de la terre,
Déchaînez-vous pour me remplir d'effroi;
Quand de concert vous me feriez la guerre,
Je ne crains rien, Jésus est avec moi.

Cruel satan, arme-toi de ta rage:
Que tes démons se liguent avec toi:
Tu ne pourras abattre mon courage,
Je ne crains rien, Jésus est avec moi.

Non, non, jamais la mort la plus cruelle
Ne me fera trahir ce divin Roi;
Jusqu'au trépas je lui serai fidèle,
Je ne crains rien, Jésus est avec moi.

Que les enfers, les airs, la terre et l'onde
Conspirent tous à me remplir d'effroi;
Quand je verrois crouler sur moi le monde,
Je ne crains rien, Jésus est avec moi.

Divin Jésus, mon unique espérance,
Vous pouvez tout : oui, Seigneur, je le croi,
Augmentez donc pour vous ma confiance.
Je ne crains rien, Jésus est avec moi.

N.° 33. MÊME SUJET.

Mon cœur, en ce jour solennel
Il faut enfin choisir un maître;
Balancer seroit criminel,
Quand Dieu seul est digne de l'être.
C'en est donc fait, ô Dieu sauveur! } *bis.*
A vous seul je donne mon cœur. }

A qui doit-il appartenir,
Ce cœur qui vous doit l'existence,
Que vous avez daigné nourrir
De votre immortelle substance?
C'en est, etc.

A chercher la félicité,
Hélas! en vain je me consume;
Loin de vous tout est vanité,
Déplaisir, tristesse, amertume.
C'en est, etc.

Vous seul pouvez me rendre heureux,
Je le sens; oui, votre présence
A pleinement comblé mes vœux
Et fixé ma longue inconstance.
C'en est, etc.

Que sont tous les biens d'ici bas?
Qu'ils ont peu de valeur réelle!
Tous ensemble ils ne peuvent pas
Satisfaire une âme immortelle.
C'en est, etc.

Que puis-je désirer de plus?
Je possède mon Dieu lui-même.

Ah ! tous les biens sont superflus
Quand on jouit du bien suprême.
C'en est, etc.

En vain, trop séduisans plaisirs,
Vous faites briller tous vos charmes
Vous trompez toujours nos désirs ;
Et vous finissez par des larmes.
C'en est, etc.

Dans votre festin précieux,
Quelle innocente et douce ivresse !
O quels plaisirs délicieux
Me fait goûter votre tendresse !
C'en est, etc.

Le monde prétend à tout prix
Qu'à suivre ses lois je m'engage :
Tu n'obtiendras que mon mépris,
Monde aussi trompeur que volage.
C'en est, etc.

Vous m'avez dit avec douceur :
Mon enfant, prends mon joug aimable ;
Quand on le porte avec ardeur,
Il est léger, doux, agréable.
C'en est, etc.

Qu'ils sont étonnans vos bienfaits !
Leur grandeur fait mon impuissance ;
Et comment pourrai-je jamais
Acquitter ma reconnoissance ?
C'en est, etc.

Vous voulez bien me demander
De mon cœur la chétive offrande :
Hésiterois-je d'accorder
Ce que le Tout-puissant demande ?
C'en est, etc.

Oui, ce cœur vous est consacré;
Je veux que toujours il vous aime ;

J'en atteste le don sacré
Qu'il tient de votre amour extrême.
C'en est donc fait, ô Dieu sauveur ! } *bis.*
A vous seul je donne mon cœur. }

N.° 34. MÊME SUJET.

Célébrons ce grand jour par des chants d'allé-
[gresse,
Nos vœux sont enfin satisfaits ;
Bénissons le Seigneur, publions sa tendresse,
Chantons, exaltons ses bienfaits.
Pour nous, tous pécheurs que nous sommes,
Il descend des cieux en ce jour :
C'est parmi les enfans des hommes
Qu'il aime à fixer son séjour.

Chantons sous cette voûte antique
Le Dieu qui règne sur nos cœurs ;
Célébrons, par un saint cantique,
Et notre amour et ses faveurs. (*bis.*)

Réunissons nos voix, que cette auguste enceinte
Retentisse de nos concerts,
Ces lieux sont tout remplis de la majesté sainte
Du Dieu puissant de l'univers.

Bon père, à des enfans qu'il aime
(Cieux, admirez tant de bonté !)
Il donne, en se donnant lui-même,
Le pain de l'immortalité.
Chantons, etc.

Ta parole est, Seigneur, plus douce à mon oreille
Que l'instrument le plus flatteur ;
Ta parole est pour moi ce qu'à la jeune abeille
Et le suc de la tendre fleur.

Trois fois heureuse la famille
Fidèle aux lois que tu prescris ;
Où la mère en instruit sa fille,
Où le père en instruit son fils.
Chantons, etc.

Loin des traits du chasseur, la colombe timide
Cherche le repos des déserts ;
J'ai cherché le repos dans le temple où réside
Le Dieu bienfaisant que je sers.

Sous les tentes des grands du monde,
Courez, peuple aveugle et pécheur ;
Moi, j'ai choisi la paix profonde
Des tabernacles du Seigneur.
Chantons, etc.

Dieu, que je crains ce monde, où les plaisirs, [les vices,
De toutes parts vont m'assiéger !
O toi, qui de mon cœur a reçu les prémices,
Veille sur lui dans le danger.

De tes saints préceptes, d'avance,
Munis-le comme d'un rempart ;
Qu'il arrive avec l'innocence
Au dernier âge du vieillard.
Chantons, etc.

Loin de moi ces faux biens que les mondains [chérissent,
Et dont l'éclat est si trompeur !
Périssables humains, sur des biens qui périssent
Comment fonder notre bonheur ?

Il se dérobe à la poursuite,
Et dès qu'on l'avoit cru saisir,
Le temps l'emporte dans sa fuite,
Et nous laisse le repentir.
Chantons, etc.

La course des méchans, plus fugitive encore,
Les précipite vers leur fin ;
Je les vis redoutés à ma première aurore,
Et je les cherche à mon matin.

Tel que dans les champs qu'il inonde,
S'engloutit un torrent fangeux,

Un moment ils troublent le monde,
Et leurs noms meurent avec eux.
Chantons, etc.

Bien plus heureux, Seigneur, qui marche à ta
[lumière,
Sur ta loi réglant tous ses pas;
Et qui, dans l'innocence, achevant sa carrière,
S'endort paisible entre tes bras :

Son nom, qui fleurit d'âge en âge,
D'un doux parfum répand l'odeur,
De la terre il reçoit l'hommage,
Du ciel il goûte le bonheur.
Chantons, etc.

Je n'ai formé qu'un vœu, que mon Dieu l'accom-
[plisse?
Puissé-je, au pied de ses autels,
Fidèle adorateur, passer à son service
Le reste de mes jours mortels.

Que sa demeure me soit chère,
Qu'elle plaise à mon cœur épris,
Comme la maison d'un bon père
Au cœur sensible d'un bon fils.
Chantons, etc.

O toi, qu'avec frayeur le chérubin contemple,
Et qui t'abaisses jusqu'à moi,
Qui du cœur d'un mortel aujourd'hui fais ton
[temple
Quand les cieux tremblent devant toi!

Ah! puissé-je, avant qu'infidèle
Je perde un si cher souvenir,
Mourir comme la fleur nouvelle
Cueillie avant de se flétrir!
Chantons, etc.

Oui, Seigneur, désormais rangés sous ton empire
Nous y voulons vivre et mourir;

Mais ce vœu que l'amour aujourd'hui nous [inspire,
Pouvons-nous sans toi l'accomplir ?
C'est toi qui nous donnas la vie,
Que ta grâce en règle le cours ;
Que ta loi, constamment suivie,
Console enfin nos derniers jours.
Chantons, etc.

N°. 35. HEUREUX EFFETS

DE L'ESPRIT-SAINT DANS UNE AME.

Quel feu s'allume dans mon cœur ?
Quel Dieu vient habiter mon âme ?
A son aspect consolateur,
Et je m'éclaire et je m'enflamme.
Je t'adore, Esprit créateur.
Parois, Dieu de lumière, (*bis.*)
Et viens renouveler la face de la terre.

Je vois mille ennemis divers
Conjurer ma perte éternelle ;
J'entends tous leurs complots pervers ;
Dieu, romps leur trame criminelle :
Qu'ils retombent dans les enfers.
Parois, etc.

Quels sont ces profanes accens,
Ces ris et ces pompeuses fêtes ?
De Baal ce sont les enfans,
De fleurs ils couronnent leur têtes
Que va frapper la faulx du temps.
Parois, etc.

Voyez comme les insensés
Dansent sur leur tombe entr'ouverte ;
La mort les suit à pas pressés :
En riant ils vont à leur perte.
Dieu regarde.... ils sont dispersés.
Parois, etc.

Quoi !

Quoi ! pour un moment de plaisir,
Mon Dieu, j'oublîrois ta loi sainte !
Dans l'égarement du désir,
Je pourrois vivre sans ta crainte !
Non, mon Dieu; non, plutôt mourir.
Parois, etc.

Un jour plus pur luit à mes yeux;
Dieu de clarté, je t'en rends grâce;
Je vois fuir l'esprit ténébreux;
La foi dans mon cœur prend sa place:
Tous mes désirs sont pour les cieux.
Parois, etc.

Chrétien par amour et par choix,
Et fier de ton ignominie,
Je t'embrasse, ô divine Croix!
Je t'embrasse avec ta folie,
Dont j'osai rougir autrefois.
Parois, etc.

Loin de moi, vains ajustemens,
A mon Dieu vous faites injure:
Délices des cœurs innocens,
Que la pudeur soit ma parure.
Esprit-Saint, garde tous mes sens.
Parois, etc.

Si, quelques momens égaré,
Je te fuyois, beauté divine,
Allume en mon cœur déchiré,
Allume une guerre intestine;
De remords qu'il soit dévoré.
Parois, etc.

Ah! plutôt règne, Dieu d'amour,
Sur ce cœur devenu ton temple;
Que je t'honore dès ce jour,
Que mon œil charmé te contemple
Dans l'éclat du divin séjour.
Parois, etc.

N.° 36. MÊME SUJET.

Quelle nouvelle et sainte ardeur
En ce jour transporte mon âme ;
Je sens que l'Esprit Créateur
De son feu tout divin m'enflamme.

Refrain.

Vive Jésus ! je crois, je suis chrétien ;
Censeurs, je vous méprise :
Lancez, lancez vos traits, je ne crains rien,
Mon bras vainqueur les brise.

Il faut, dans un noble combat,
Pour vous, Seigneur, que je m'engage ;
Vous m'avez fait votre soldat,
Vous m'en donnerez le courage.
Vive Jésus ! etc.

Du salut le signe sacré
Arme mon front pour ma défense ;
Devant lui l'Enfer conjuré
Perdra sa funeste puissance.
Vive Jésus ! etc.

Le mépris d'un monde insensé
Pourroit-il m'alarmer encore ?
Loin de m'en trouver offensé,
Je sens aujourd'hui qu'il m'honore.
Vive Jésus ! etc.

Dans sa fureur l'impiété
Veut me ravir le Dieu que j'aime ;
Je veux, fort de la vérité,
Lui dire toujours anathème.
Vive Jésus ! etc.

On a vu de foibles agneaux
Triompher de l'aveugle rage

Et des tyrans et des bourreaux ;
Foible comme eux Dieu m'encourage.
Vive Jésus ! etc.

Enfant des généreux martyrs,
Puissé-je égaler leur constance,
Et trouver mes plus doux plaisirs
Au sein même de la souffrance.
Vive Jésus ! etc.

A la mort fallût-il s'offrir,
Ou perdre, hélas ! mon innocence:
Grand Dieu ! je consens à mourir,
Ne souffrez pas que je balance.
Vive Jésus ! etc.

Seigneur, à vos aimables lois
Le grand nombre seroit rebelle ;
Que mon cœur, constant dans son choix,
Y seroit encor plus fidèle.
Vive Jésus ! etc.

Être à vous, c'est là notre honneur,
Divin conquérant de nos âmes !
Vous servir est notre bonheur,
O céleste objet de nos flammes !
Vive Jésus ! etc.

Chrétiens ! ranimons notre ardeur ;
Contemplons la palme immortelle !
Le Ciel la promet au vainqueur,
Combattons et mourons pour elle !
Vive Jésus ! etc.

N.° 37. SUR LE RESPECT HUMAIN.

REFRAIN.

Bravons les enfers ,
Brisons tous nos fers ,
Sortons de l'esclavage ;
Unissons nos voix ,
Rendons à la croix
Un sincère et public hommage.

Jurons haine au respect humain ,
Brisons cette idole fragile ,
Sur ses débris que notre main
Elève un trône à l'Evangile.
Bravons , etc.

Chrétiens d'une vaine terreur
Serons-nous toujours la victime ;
Qu'il soit banni de notre cœur
Le cruel tyran qui l'opprime.
Bravons , etc.

Sous le joug d'un monde censeur
Nous gémissons dès notre enfance ,
Recouvrons , vengeons notre honneur ,
Proclamons notre indépendance.
Bravons , etc.

Partout flottent les étendards
Qu'arbore, à nos yeux , la licence ;
Faisons briller à ses regards
La bannière de l'innocence.
Bravons , etc.

Tout chrétien doit être un soldat
Rempli d'ardeur , né pour la gloire ;
Quand son chef le mène au combat ,
Tremblant , il fuiroit la victoire ?
Bravons , etc.

Tandis que sur le champ d'honneur
La valeur signale les braves,
On me verroit lâche et sans cœur
Traînant les chaînes des esclaves ?
Bravons, etc.

Quoi, vous rougissez, vils mortels,
Honteux d'être vus dans un temple,
Adorant aux pieds des Autels
Le grand Dieu que le Ciel contemple !
Bravons, etc.

D'hommes contre vous impuissans,
Vous redoutez les vains murmures !
Que feriez-vous si des tyrans
Il falloit subir les tortures ?
Bravons, etc.

Ne profanez point ce saint lieu,
Allez, Chrétiens pusillanimes ;
Qui tremble, trahira son Dieu,
La foiblesse est mère des crimes.
Bravons, etc.

Lâches déserteurs de la Foi,
Jésus-Christ commande à la foudre ;
Vous osez abjurer sa loi !
Vous n'êtes pas réduits en poudre !
Bravons, etc.

Tremblez audacieux mortels,
Dieu diffère votre sentence ;
Ses arrêts seront éternels,
La justice aura sa vengeance.
Bravons, etc.

Voyez sillonner les éclairs,
Entendez gronder le tonnerre ;
Le Roi des Cieux est dans les airs,
Il descend pour juger la terre.
Bravons, etc.

Venez, indignes apostats,
Jésus n'étoit pas votre maître ?
Il va punir vos attentats,
Feindrez-vous de le méconnoître ?
Bravons, etc.

Pâles et palpitans d'effroi,
Pour fléchir sa juste colère,
Tombant aux pieds de ce grand Roi,
Vous vous écriez : ô mon Père !
Bravons, etc.

Quand vous méconnoissiez ma voix ;
Vous répond le Dieu du Calvaire,
Quand vous rougissiez de ma Croix,
Quel étoit alors votre père ?
Bravons, etc.

Esclaves du respect humain,
Allez dans le fond des abîmes ;
Allez maudits ; sachez enfin
Quel fut le plus grand de vos crimes.
Bravons, etc.

Seigneur, ton camp sera le mien ;
Tant qu'il coulera dans mes veines
Quelques gouttes du sang chrétien,
Monde, tes menaces sont vaines.
Bravons, etc.

Divin Roi, jusqu'à mon trépas
Mon cœur te restera fidèle ;
Puisse la Croix, guidant mes pas,
Me voir tomber, mourir près d'elle.
Bravons, etc.

N.° 38. SUR LA DÉVOTION

AU SACRÉ COEUR DE JÉSUS.

Coeur de Jésus, Cœur à jamais aimable !
Cœur digne d'être à jamais adoré !
Ouvre à mon cœur un accès favorable,
Bénis ce chant que je t'ai consacré. (*bis*)
Aide à ma voix à louer ta puissance,
Ta vive ardeur, tes charmes, tes attraits,
Tes saints soupirs, tes transports, ta clémence,
Ton tendre amour, l'excès de tes bienfaits. (*bis*)

O divin cœur ! ô source intarissable
De tout vrai bien, de douceur, de bonté !
Tu réunis dans ton centre adorable,
Tous les trésors de la Divinité. (*bis*)
Maître des dons de sa magnificence,
Arbitre seul des célestes faveurs ?
Cœur plein d'amour ! tu mets ta complaisance
A les répandre, à les voir dans nos cœurs. (*bis*)

Jésus naissant déjà fait ses délices
De se livrer et de souffrir pour nous ;
Déjà son Cœur nous donne les prémices
Des flots de sang qu'il vient verser pour tous. (*bis*)
Ce Cœur, toujours sensible à nos disgrâces,
Sur nos besoins s'ouvrit de jour en jour,
Et du Sauveur marqua toutes les traces,
Par tous les traits d'un généreux amour. (*bis*)

Quand Jésus suit la brebis infidèle,
Son cœur conduit et fait hâter ses pas ;
Quand il reçoit un fils ingrat, rebelle,
Son cœur étend et resserre ses bras. (*bis*)
Quand, à ses pieds, la femme pénitente
Vient déposer ses pleurs et ses regrets,
Son cœur en fait une fidèle amante,
Qu'il enrichit de ses plus doux bienfaits. (*bis*)

C'est dans ce cœur, de tous les cœurs l'asile,
Que l'âme tiède excite sa langueur,
Que le pécheur a son pardon facile,
Que le fervent enflamme son ardeur. (*bis*)
Le cœur plongé dans le sein des disgrâces,
Trouve dans lui l'oubli de sa douleur,
Et le cœur foible une source de grâces
Qui le remplit de force et de vigueur. (*bis*)

Jardin sacré ! ô vous, montagne sainte !
Tristes témoins de Jésus affligé !
Apprenez-nous dans quel excès de crainte,
Dans quels ennuis son cœur étoit plongé. (*bis.*)
Quand de la mort sentant la vive atteinte,
Et tout le poids du céleste courroux,
Ce Dieu d'amour voyoit la terre teinte
Des flots du sang qu'il répandoit pour nous (*b.*)

Ce fut son cœur qui, d'un amer calice,
Lui fit pour nous accepter les rigueurs,
Et qui pour nous l'offrit à la malice,
A tous les traits de ses persécuteurs. (*bis.*)
Si sur la croix Jésus daigne s'étendre,
Son cœur l'y fixe ; et s'il daigne y mourir,
Oui, c'est son cœur, ce cœur pour nous si tendre,
Qui nous fait don de son dernier soupir. (*bis.*)

Mais c'est encor trop peu pour sa tendresse :
Ce même cœur, fixé sur nos autels,
Se reproduit, se ranime sans cesse,
Pour s'y prêter au bonheur des mortels. (*bis.*)
C'est là toujours, que, placé sur un trône
D'amour, de paix, de grâce et de douceur,
Pour eux il s'offre, il s'immole, il se donne,
Pour tout retour, n'exigeant que leur cœur. (*b.*)

Cœurs trop long-temps endurcis, insensibles,
A ses désirs vous refuseriez-vous ?
Par quels bienfaits, par quels traits plus visibles
Peut-il montrer ses tendres soins pour nous ? (*bis*)

Ce riche don de son amour extrême
Ne pourra-t-il vous vaincre, vous charmer ?
Ah ! mille fois, mille fois anathème
Au cœur ingrat qui ne veut point l'aimer. (*b.*)

Par quels excès, hélas ! d'irrévérence,
De sacrilége et de témérité ;
Par quel oubli, par quelle indifférence
N'ose-t-on point outrager sa bonté ! (*bis.*)
Cœurs innocens, et vous âmes ferventes,
Vengez, vengez et sa gloire et ses dons ;
Rendez pour lui vos flammes plus ardentes,
Vos vœux plus purs, vos respects plus profonds. (*bis.*)

Que sur la terre, à jamais d'âge en âge,
Ce cœur sacré, caché dans nos lieux saints,
Ait, et les vœux, et l'amour, et l'hommage,
Et le tribut de l'encens des humains. (*bis.*)
Que dans les cieux les puissances l'honorent ;
Qu'il règne après les siècles éternels ;
Que tous les cœurs et l'aiment et l'adorent ;
Que tous les cœurs soient pour lui des autels. (*b.*)

Cœur de Jésus, sois à jamais ma gloire ;
Sois mon amour, mes charmes, ma douceur ;
Sois mon soutien, ma force, ma victoire,
Ma paix, mon bien, ma vie et mon bonheur. (*b.*)
Sois à jamais toute mon espérance,
Sois mon secours, mon guide, mon sauveur ;
Sois mon trésor, ma fin, ma récompense,
Mon seul partage et le tout de mon cœur. (*bis.*)

N.° 39. SUR LA PASSION

DE NOTRE-SEIGNEUR JÉSUS-CHRIST.

Au sang qu'un Dieu va répandre,
Ah ! mêlez du moins vos pleurs,
Chrétiens, qui venez entendre
Le récit de ses douleurs.

Puisque c'est pour vos offenses
Que ce Dieu souffre aujourd'hui,
Animés par ses souffrances,
Vivez et mourez pour lui.

Dans un jardin solitaire
Il sent de rudes combats;
Il prie, il craint, il espère;
Son cœur veut et ne veut pas.
Tantôt la crainte est plus forte,
Et tantôt l'amour plus fort;
Mais enfin l'amour l'emporte,
Et lui fait choisir la mort.

Judas, que la fureur guide,
L'aborde d'un air soumis;
Il l'embrasse, et ce perfide
Le livre à ses ennemis:
Judas, un pécheur t'imite,
Quand il feint de l'appaiser,
Souvent sa bouche hypocrite
Le trahit par un baiser.

On l'abandonne à la rage
De cent tigres inhumains;
Sur son aimable visage
Les soldats portent leurs mains.
Vous deviez, Anges fidèles,
Témoins de ces attentats,
Ou le mettre sous vos aîles,
Ou frapper tous ces ingrats.

Ils le traînent au Grand-Prêtre
Qui seconde leur fureur,
Et ne veut le reconnoître
Que pour un blasphémateur:
Quand il jugera la terre,
Le Sauveur aura son tour;
Aux éclats de son tonnerre
Tu le connoîtras un jour.

Tandis qu'il se sacrifie ,
Tout conspire à l'outrager ;
Pierre lui-même l'oublie ,
Et le traite d'étranger ;
Mais Jésus perce son âme
D'un regard tendre et vainqueur ,
Et met d'un seul trait de flamme
Le repentir dans son cœur.

Chez Pilate on le compare
Au dernier des scélérats ;
Qu'entends-je ? ô peuple barbare !
Tes cris sont pour Barrabas ;
Quelle indigne préférence !
Le juste est abandonné ;
On condamne l'innocence ,
Et le crime est pardonné.

On le dépouille , on l'attache ,
Chacun arme son courroux :
Je vois cet Agneau sans tache ,
Tombant presque sous les coups :
C'est à nous d'être victimes :
Arrêtez , cruels bourreaux :
C'est pour effacer vos crimes
Que son sang coule à grands flots.

Une couronne cruelle
Perce son auguste front ;
A ce Chef , à ce Modèle ,
Mondains vous faites affront :
Il languit dans les supplices ,
C'est un homme de douleurs ;
Vous vivez dans les délices ,
Vous vous couronnez de fleurs.

Il marche , il monte au Calvaire ,
Chargé d'un infame bois ;
De-là , comme d'une chaire ,
Il fait entendre sa voix :

Ciel, dérobe à la vengeance
Ceux qui m'osent outrager ;
C'est ainsi, quand on l'offense,
Qu'un chrétien doit se venger.

Une troupe mutinée
L'insulte et crie à l'envi :
S'il changeoit sa destinée,
Oui, nous croirions tous en lui ;
Il peut la changer sans peine,
Malgré vos nœuds et vos cloux ;
Mais le nœud qui seul l'enchaîne,
C'est l'amour qu'il a pour nous.

Ah ! de ce lit de souffrance,
Seigneur, ne descendez pas ;
Suspendez votre puissance,
Restez-y jusqu'au trépas ;
Mais tenez votre promesse,
Attirez-nous après vous ;
Pour prix de votre tendresse,
Pussions-nous y mourir tous !

Il expire, et la nature
Dans lui pleure son auteur ;
Il n'est point de créature
Qui ne marque sa douleur.
Un spectacle si terrible
Ne pourra-t-il me toucher ?
Et serai-je moins sensible
Que n'est le plus dur rocher ?

N.° 40. TRIOMPHE DE LA CROIX.

Vive Jésus, vive sa croix ;
N'est-il pas bien juste qu'on l'aime,
Puisqu'en expirant sur ce bois,
Il nous aima plus que lui-même !
Chrétiens, chantons à haute voix ;
Vive Jésus, vive sa croix.

Vive Jésus, vive sa croix ;
Le Seigneur l'ayant épousée,
Elle n'est plus, comme autrefois,
Un objet d'horreur, de risée.
Chrétiens, etc.

Vive Jésus, vive sa croix :
Arbre dont le fruit salutaire
Répare le mal qu'autrefois
Fit le péché du premier père.
Chrétiens, etc.

Vive Jésus, vive sa croix :
C'est l'étendard de sa victoire,
Par elle il nous donna ses lois,
Par elle il entra dans sa gloire.
Chrétiens, etc.

Vive Jésus, vive sa croix :
De tous nos biens source féconde,
Qui, dans le sang du roi des rois,
A lavé les péchés du monde.
Chrétiens, etc.

Vive Jésus, vive sa croix :
La chaire de son éloquence,
Où me prêchant ce que je crois,
Il m'apprend tout par son silence.
Chrétiens, etc.

Vive Jésus, vive sa croix :
Ce n'est pas le bois que j'adore,
Mais c'est mon Sauveur sur ce bois
Que je révère et que j'implore.
Chrétiens, etc.

Vive Jésus, vive sa croix,
Prenons-la pour notre partage ;
Ce juste, cet aimable choix
Conduit au céleste heritage.
Chrétiens, etc.

N.° 41. POUR LE JOUR

DE LA PLANTATION DE LA SAINTE CROIX.

CÉLÉBRONS la victoire
D'un Dieu mort sur la croix,
Et pour chanter sa gloire,
Réunissons nos voix :
De son amour extrême
Cédons aux traits vainqueurs ;
Pour le Dieu qui nous aime,
Réunissons nos cœurs.
Du vainqueur de l'enfer célébrons la victoire ;
Réunissons nos cœurs, réunissons nos voix,
Chantons avec transport son triomphe et sa gloire,
Chantons, vive Jésus ! vive, vive sa croix.

Sa croix, heureux symbole
De son amour pour nous,
Jadis du Capitole
Chassa les dieux jaloux :
Alors dans l'esclavage,
L'homme à d'infâmes dieux
Payoit par son hommage
Le droit d'être comme eux.
Du vainqueur, etc.

Grand Dieu, seul adorable,
Seul digne de nos chants,
Seul de l'homme coupable
Vous n'avez point d'encens :
Mais que votre tonnerre
Fasse entendre sa voix,
Et force enfin la terre
A respecter vos lois.
Du vainqueur, etc.

Mais son cœur qui s'oppose
A ses foudres vengeurs,
Par l'amour se propose
De conquérir les cœurs :
Pour expier nos crimes,
Notre sang est trop peu ;
Il faut d'autres victimes
Pour désarmer un Dieu.
Du vainqueur, etc.

Son fils, verbe adorable,
Doit tomber sous ses coups ;
Son sang seul est capable
De calmer son courroux :
Pour ma grâce il soupire,
Il l'exige en mourant,
Sur la croix il expire,
Et l'Univers se rend.
Du vainqueur, etc.

Tel qu'après les orages,
Le soleil radieux
Dissipe les nuages,
Rend leur éclat aux cieux :
Tel le Dieu que j'adore,
Trop long-temps ignoré,
Du couchant à l'aurore
Voit son nom adoré.
Du vainqueur, etc.

La croix, heureux asile
De l'univers soumis,
Brave l'orgueil stérile
De ses fiers ennemis ;
On s'empresse à lui rendre
Des hommages parfaits ;
Sa gloire va s'étendre
Autant que ses bienfaits.
Du vainqueur, etc.

Quel éclat l'environne !
Elle voit à ses pieds
Le sceptre et la couronne
Des rois humiliés.
Rome cherche à lui plaire,
Tout suit ses étendards ;
Et le Dieu du calvaire
Est le Dieu des Césars.
Du vainqueur, etc.

Ce Dieu seul est aimable,
Cédons à ses attraits ;
D'un amour immuable
Payons tous ses bienfaits ;
Portons-lui nos offrandes,
Et parons son autel
De fleurs et de guirlandes
Dignes de l'immortel.
Du vainqueur, etc.

Que le ciel applaudisse
Aux chants de son amour ;
Et que l'enfer frémisse
Du bonheur de ce jour !
Chantons tous la victoire
Du maître des vainqueurs ;
Consacrons à sa gloire
Et nos voix et nos cœurs.
Du vainqueur, etc.

N.° 42. TRIOMPHE DE L'ÉGLISE.

Pourquoi ces vains complots, ô princes de la terre ?
Pourquoi tant d'armemens divers ?
Vous vous réunissez pour déclarer la guerre
A l'Arbitre de l'Univers.
Tremblez, ennemis de sa gloire,
Tremblez, audacieux mortels ;

Il tient en ses mains la victoire ;
Tombez aux pieds de ses autels.

La Religion vous rappelle,
Sachez vaincre, sachez périr :
Un Chrétien doit vivre pour elle, } *bis.*
Pour elle un Chrétien doit mourir. }

Depuis quatre mille ans, plongé dans les ténèbres,
Assis à l'ombre de la mort,
L'Univers gémissant sous ses voiles funèbres,
Soupiroit pour un meilleur sort.
Jésus paroît ; à sa lumière
La nuit disparoît sans retour,
Comme on voit une ombre légère
S'enfuir devant l'astre du jour.
La Religion, etc.

Pour soumettre à ses lois tous les peuples du Monde,
Il ne veut que douze pêcheurs,
Et, pour éterniser le royaume qu'il fonde,
Il en fait ses ambassadeurs.
Nouveaux guerriers, prenez la foudre,
Allez conquérir l'Univers ;
Frappez, brisez, mettez en poudre
L'idole d'un monde pervers.
La Religion, etc.

Déjà de ces hérauts, du couchant à l'aurore,
La voix, plus prompte que l'éclair,
A foudroyé ces dieux que l'Univers honore
D'un culte enfanté par l'enfer.
Ouvrant les yeux à la lumière,
Rome détrompe les mortels,
Et foule aux pieds dans la poussière,
Ses dieux, ses temples, ses autels.
La Religion, etc.

En vain, ô fiers tyrans ! votre main meurtrière
Fait couler leur sang à grands flots ;

Ce sang devient fécond; de leur noble poussière
S'élève un essaim de héros :
Et courbant eux-mêmes leurs têtes,
Seigneur, sous le joug de tes lois,
Après trois siècles de tempêtes,
Les princes arborent la croix.
La Religion, etc.

O reine des cités, toi dont la destinée
Est de régner sur l'Univers,
De ce joug si nouveau si tu fus étonnée,
Tu t'énorgueillis de tes fers;
La Religion triomphante
Sur le trône de tes Césars,
Veut que les peuples qu'elle enfante
Combattent sous ses étendards.
La Religion, etc.

Que vois-je ? ô Dieu ! partout le schisme et l'hérésie
Déchirent son sein maternel;
Laisseras-tu périr sous les coups de l'impie
L'objet de ton soin paternel ?
Non; toujours battu de l'orage
Ce vaisseau vogue en sûreté;
Jamais il ne fera naufrage :
Tu l'as dit, Dieu de vérité.
La Religion, etc.

Sainte Religion, l'amour et les délices
De nos pères, de nos aïeux;
Puissent toujours marcher sous tes divins auspices
Et leurs enfans et leurs neveux !
Si jamais de leur cœur bannie
Tu t'exilois loin des Français,
Que ma trop ingrate patrie
Se souvienne de tes bienfaits.
La Religion, etc.

Ce grand arbre, ébranlé jusque dans sa racine,
Voyoit mille ennemis rivaux

Hâter par leurs efforts l'instant de sa ruine,
Pour se disputer ses rameaux.
Dieu parle ;..... la foi renaissante,
En foudroyant l'impiété,
Rend à l'Eglise triomphante
La paix et la prospérité.
La Religion, etc.

Église de Jésus, doux charme de ma vie,
Et mon espoir dès le berceau ;
Sainte Religion, si jamais je t'oublie,
Si tu ne me suis au tombeau,
Qu'à jamais ma langue glacée
Ne prête de sons à ma voix,
Et que ma droite desséchée
Me punisse et venge tes droits.
La Religion, etc.

N.° 43. POUR LA CONCEPTION IMMACULÉE DE LA SAINTE VIERGE.

De tes enfans reçois l'hommage,
Prête l'oreille à leurs accens ;
Seigneur, c'est ton plus noble ouvrage
Qu'ils vont célébrer dans leurs chants ;
Ranimé par ta main puissante,
Plein d'un espoir consolateur,
David de sa tige mourante
Voit germer la plus belle fleur. (*bis.*)
Pleine de grâce, ô Vierge incomparable !
L'honneur, la gloire et l'appui d'Israël,
Jetez sur nous un regard favorable,
De cet exil conduisez-nous au ciel.

Des misères et des alarmes
Cette terre étoit le séjour,
Mais le ciel, pour tarir nos larmes,
Nous donne une mère en ce jour :
Chantons cette mère chérie,

Offrons-lui le don de nos cœurs,
Et que notre bouche publie
Et ses charmes et ses grandeurs. (*bis.*)
Pleine de grâce, etc.

O quand disparoîtront les ombres
Qui la couvrent de toutes parts ?
Fuyez, fuyez, nuages sombres
Qui la voilez à nos regards ;
Verse des torrens de lumière
Sur Sion et ses habitans,
Etoile bienfaisante !.... éclaire
Et guide leurs pas chancelans. (*bis.*)
Pleine de grâce, etc.

Franchissant la céleste plaine,
Les anges, riches de splendeur,
Pour contempler leur souveraine,
Quittent le séjour du bonheur ;
Et la candeur et l'innocence,
Les yeux modestement baissés,
Autour d'elle, dans le silence,
Tiennent leurs bras entrelacés. (*bis.*)
Pleine de grâce, etc.

Déjà la paix et la justice,
Ceintes d'un éclat immortel,
A ses pieds et sous son auspice,
Cimentent un pacte éternel ;
Et sur sa lyre prophétique,
Isaïe, encore une fois,
Redit son sublime cantique
A la mère du roi des rois. (*bis.*)
Pleine de grâce, etc.

Elle est pure comme l'aurore,
Qui luit dans un brillant lointain,
Comme le lys qu'on voit éclore,
Dans la fraîcheur d'un beau matin:
Et jusqu'aux sources de la vie,
Par un prodige sans égal,

Son âme ne fut point flétrie
Du souffle empoisonné du mal. (*bis.*)
Pleine de grâce, etc.

Ainsi qu'un palmier solitaire
Qui croît sur le courant des eaux,
Et tous les ans donne à la terre
Des fleurs avec des fruits nouveaux;
Ainsi, loin du monde volage,
Il croîtra cet enfant divin,
Et tous les peuples, d'âge en âge,
Béniront le fruit de son sein. (*bis.*)
Pleine de grâce, etc.

INVOCATION.

Reine des cieux, de nos jeunes années,
Par vos bienfaits, embellissez le cours!
Exaucez-nous !.... à vos pieds prosternées,
Nous y jurons de vous aimer toujours. (*bis.*)
Ah ! puisse notre humble prière,
Vous plaire en cet heureux moment,
Comme plaît à la tendre mère
Le sourire de son enfant! (*bis.*)
Pleine de grâce, ô Vierge incomparable!
L'honneur, la gloire et l'appui d'Israël,
Jetez sur nous un regard favorable,
Et, par Jésus, conduisez-nous au Ciel.

N.° 44. MOTIFS DE CONFIANCE ENVERS MARIE.

Une voix.

Vous qu'en ces lieux combla de ses bienfaits
Une mère auguste et chérie,
Enfans de Dieu, que vos chants à jamais
Exaltent le nom de Marie. (*bis*)
Je vois monter tous les vœux des mortels

Vers le trône de sa clémence ;
Tout à sa gloire élève des autels
Des mains de la reconnoissance.

Tous.

Nous qu'en ces lieux combla de ses bienfaits
Une Mère auguste et chérie,
Enfans de Dieu, que nos chants à jamais
Exaltent le nom de Marie. (*bis.*)

Ici, sa voix puissante sur nos cœurs
A la vertu nous encourage ;
Sur le saint joug elle répand des fleurs ;
Notre innocence est son ouvrage. (*bis.*)
Si le lion rugit autour de nous,
Elle étend son bras tutélaire :
L'enfer frémit d'un impuissant courroux,
Et le ciel sourit à la terre.
Nous qu'en ces lieux, etc.

Quand le chagrin, de ses traits acérés,
Blesse nos cœurs et les déchire,
Sensible mère, elle est à nos côtés ;
Avec nos cœurs le sien soupire. (*bis.*)
Combien de fois sa prévoyante main
De l'ennemi rompit la trame !
Nous la priions, et nous sentions soudain
La paix descendre dans notre âme.
Nous qu'en ces lieux, etc.

Battu des flots, vain jouet du trépas,
La foudre grondant sur sa tête,
Le nautonnier se jette dans ses bras,
L'invoque et voit fuir la tempête. (*bis.*)
Tel le Chrétien, sur ce monde orageux,
Vogue toujours près du naufrage :
Mais à Marie adresse-t-il ses vœux,
Il aborde en paix au rivage.
Nous qu'en ces lieux, etc.

Heureux celui qui, de ses premiers ans,
Se fit un bonheur de lui plaire !
Heureux ceux qu'elle adopta pour enfans !
La Reine des cieux est leur mère. (*bis.*)
Oui, sa bonté se plaît à secourir
Un cœur confiant qui la prie;
Siècles, parlez !.... vit-on jamais périr
Un vrai serviteur de Marie ?
Nous qu'en ces lieux, etc.

Vos fronts, pécheurs, palissent abattus
A l'aspect du souverain Juge;
Ah ! si Marie est Reine des vertus,
Des pécheurs elle est le refuge. (*bis.*)
Déposez donc en son sein maternel
Votre repentir et vos larmes;
Elle priera..... des mains de l'Eternel
Bientôt s'échapperont les armes.
Nous qu'en ces lieux, etc.

Si vous avez, dans toute sa fraîcheur,
Conservé la tendre innocence,
Ah ! votre Mère en a sauvé la fleur,
Elle vous garda dès l'enfance. (*bis.*)
A son autel, venez, enfans chéris,
Savourer de saintes délices;
Consacrez-lui vos cœurs et vos esprits;
Elle en mérite les prémices.
Nous qu'en ces lieux, etc.

Temple divin, ô asile béni,
Faut-il donc quitter ton enceinte ?
Faut-il aller de ce monde ennemi
Braver la meurtrière atteinte ? (*bis.*)
Tendre Marie, ah ! nous allons périr !
Le scandale inonde la terre !
Veillez sur nous, daignez nous secourir;
Montrez-vous toujours notre Mère.
Nous qu'en ces lieux, etc.

N.° 45. LE TRIOMPHE DE LA Ste. VIERGE.

Triomphez, Reine des Cieux,
A vous bénir que tout s'empresse :
Triomphez Reine des Cieux,
Dans tous les temps, dans tous les lieux.

Que l'amour nous prête,
En ce jour de fête,
Que l'amour nous prête,
Ses plus doux accords ;
Et que notre voix s'apprête
A seconder ses efforts.
Triomphez, etc.

Célébrons, en ce saint jour,
Les vertus de l'humble Marie,
Célébrons, en ce saint jour,
Et ses bienfaits et son amour.

Sans cesse enrichie,
Jeunesse chérie,
Sans cesse enrichie
Des plns heureux dons ;
C'est de la main de Marie,
Chrétiens, que nous les tenons.
Triomphez, etc.

Qu'à jamais de ses faveurs
Nos chants rappellent la mémoire.
Qu'à jamais de ses faveurs
Le souvenir charme nos cœurs.

Le Ciel et la terre,
Ravis de lui plaire,
Le Ciel et la terre
Chantent ses appas.
Vos enfans, ô tendre Mère,
Ne vous béniroient-ils pas ?
Triomphez, etc.

Achevez

Achevez notre bonheur ;
Retracez en nous votre image ;
Achevez notre bonheur,
Et gravez dans nous votre cœur.

Guidez de l'enfance,
Par votre puissance,
Guidez de l'enfance
Les pas chancelans,
Et que l'aimable innocence
Couronne nos derniers ans.
Triomphez, etc.

N.° 46. IMITATION du *Salve, Regina*.

Je vous salue, auguste et sainte reine
Dont la beauté ravit les immortels !
Mère de grâce, aimable souveraine,
Je me prosterne aux pieds de vos autels. (*bis.*)

Je vous salue, ô divine Marie !
Vous méritez l'hommage de nos cœurs :
Après Jésus, vous êtes et la vie
Et le refuge et l'espoir des pécheurs. (*bis.*)

Fils malheureux d'une coupable mère,
Bannis du ciel, les yeux baignés de pleurs ;
Nous vous faisons, de ce lieu de misère,
Par nos soupirs entendre nos douleurs. (*bis.*)

Ecoutez-nous, puissante protectrice :
Tournez sur nous vos yeux compatissans,
Et montrez-nous, qu'à nos malheurs propice,
Du haut des cieux vous aimez vos enfans. (*bis.*)

O douce, ô tendre, ô pieuse Marie !
Vous dont Jésus mon Dieu reçut le jour ;
Faites qu'après l'exil de cette vie,
Nous le voyions dans l'éternel séjour. (*bis.*)

N.° 47. NÉCESSITÉ

ET QUALITÉS DE LA PRIÈRE.

Il faut prier,
Du Seigneur c'est la loi suprême;
Il faut prier,
Afin de nous sanctifier:
Mais que pour ce Dieu qui nous aime,
Notre tendresse soit extrême
Pour bien prier.

Il faut prier
Ce Dieu, notre souverain Maître:
Il faut prier,
A ses pieds, gémir, supplier;
Mais en coupable il faut paroître,
Et notre orgueil doit disparoître
Pour bien prier.

Il faut prier,
Quelle occupation plus sainte!
Il faut prier,
Bénir Dieu, le glorifier:
Mais de ses traits, que l'âme empreinte
Unisse l'amour à la crainte,
Pour bien prier.

Il faut prier,
N'oublions pas cette maxime,
Il faut prier,
Bénir Dieu, le remercier:
Mais qu'un feu sacré nous anime,
Fuyons et détestons le crime,
Pour bien prier.

Il faut prier
Ce Dieu que tous les cieux honorent,
Il faut prier

Qu'il daigne nous justifier :
Mais tandis que nos voix l'implorent,
Que nos cœurs humblement l'adorent,
Pour bien prier.

Il faut prier,
Pour fléchir de Dieu la justice
Il faut prier,
Sa rigueur doit nous effrayer ;
Mais pour nous le rendre propice,
Qu'à ses pieds notre cœur gémisse
Pour le prier.

Il faut prier,
A l'aspect de notre misère ;
Il faut prier,
Afin de nous fortifier :
Mais notre cœur doit de la terre
Mépriser les biens, la poussière,
Pour bien prier.

Il faut prier
Avec une foi pure et vive,
Il faut prier
Afin de nous purifier ;
Il faut que notre âme attentive
Soit humble, fervente et plaintive.
Pour bien prier.

Il faut prier
Avec ardeur et confiance ;
Il faut prier
Sans se lasser, sans s'ennuyer :
Qu'à Dieu notre persévérance
Fasse une sainte violence,
Pour bien prier.

Il faut prier,
Célébrer de Dieu les louanges ;
Il faut prier,
Au Ciel il faut s'associer :

Il faut nous unir aux Archanges,
Aux Séraphins, aux chœurs des Anges,
Pour bien prier.

Il faut prier
Avec respect et modestie;
Il faut prier,
O quel malheur de l'oublier !
Mais pour l'éternelle patrie,
Il faut soupirer quand on prie,
Pour bien prier.

N.° 48. SOUPIRS

D'UN CHRÉTIEN VERS LE CIEL.

La vie, hélas ! n'est qu'un triste passage ;
Cherchons, mon âme, un bonheur permanent ;
Ne fixons point, dans un si court voyage,
Un cœur qu'un Dieu peut seul rendre content.

Loin du tumulte, en cette solitude,
Goûtons en paix les délices des cieux ;
Que Jésus seul soit toute notre étude,
Que Jésus seul soit l'objet de nos vœux.

Je ne veux rien, et je veux toute chose;
Jésus m'est tout, sans lui tout ne m'est rien :
Oui, j'aurai tout, n'ayant aucune chose,
Si, perdant tout, j'ai cet unique bien.

L'unique bien que j'attends, que j'espère,
C'est mon Jésus, le centre de mon cœur ;
Ce tendre espoir, dans ce lieu de misère,
De mon exil adoucit la rigueur.

O douce mort ! sans tarder davantage,
Daigne finir mon trop malheureux sort ;
Fais que mon corps, par un heureux naufrage,
En périssant mette mon âme au port.

Heureux moment qui dois briser mes chaînes ;
Me délivrer de ma captivité,
Quand viendras-tu m'affranchir de mes peines ?
Quand vous verrai-je, éternelle beauté ?

Ah ! pour vous voir, permettez que je meure,
Divin Jésus ! c'est trop long-temps souffrir.
Je ne vis plus, je languis à toute heure,
Et je me meurs de ne pouvoir mourir.

N.° 49. RÉSIGNATION

DANS LES SOUFFRANCES.

Voila donc mon partage :
La souffrance ou la mort !
Dieu l'ordonne, il est sage ;
Je dois bénir mon sort.
Au printemps de ma vie,
J'ai cueilli quelques fleurs ;
Pour punir ma folie,
Dieu me condamne aux pleurs.

En vain, monde frivole,
Tu veux les adoucir :
Lorsqu'un Dieu me console
Ah ! laisse-moi souffrir.
Tes biens, tes espérances,
Tes plaisirs ne sont rien ;
Et j'ai dans les souffrances
La source de tout bien.

Si le Dieu des vengeances
Appesantit ses coups,
Mes maux et mes souffrances
Calmeront son courroux.
S'il est juge, il est père,
Il entendra ma voix ;
Et le Dieu du Calvaire
Sait adoucir les croix.

Il connoît mes alarmes,
Il compte mes soupirs,
Il veut payer mes larmes
Par d'éternels plaisirs.
Doux espoir qui ranime
Et soulage mon cœur!
Si je suis sa victime,
Il sera mon bonheur.

J'allois de crime en crime
Me perdre pour toujours;
Déjà le noir abîme
Lui demandoit mes jours;
Mais sur moi sa clémence
A daigné s'attendrir;
Je vis dans la souffrance,
Je ne puis plus mourir.

Loin de moi le murmure!
Quand je souffre pour vous,
La peine la plus dure
Est un tourment bien doux:
O Jésus, mon modèle,
Frappez de plus en plus;
O qu'une croix est belle
Quand on aime Jésus!

Pour un Dieu, quand on l'aime,
Souffrir est un bienfait;
Et la souffrance même
Est un plaisir parfait.
Ah! qu'on trouve de charmes
A pleurer chaque jour,
Quand on répand des larmes
Pour un Dieu plein d'amour!

Vous qui de ce bon Père
Éprouvez le courroux,
Montez sur le Calvaire,
Voyez.... et plaignez-vous.

Si Jésus, sans se plaindre,
Est mort dans les douleurs,
Un pécheur doit-il craindre
De verser quelques pleurs.

O Marie ! ô ma mère !
Quelle est votre langueur ?
Un glaive sanguinaire
A percé votre cœur !
O Jésus ! ô Marie !
Vous n'aimez que la croix,
Et j'aurois la folie
De faire un autre choix.

C'en est fait, je t'embrasse
O Croix ! source d'amour ;
Grand Dieu, fais par ta grâce
Que je l'aime toujours.
Un pécheur, pour te plaire,
Ne doit plus que souffrir,
Et pour te satisfaire,
Ou souffrir ou mourir.

N.° 50. SUR LES VERTUS THÉOLOGALES.

Oui, je le crois
Ce que l'Eglise nous annonce ;
Oui, je le crois,
Seigneur, et j'honore ses lois ;
Toutes les fois qu'elle prononce,
Par elle l'Esprit-Saint s'énonce ;
Oui, je le crois.

J'espère en vous
Dieu de bonté, Dieu de clémence ;
J'espère en vous,
Tout autre espoir ne m'est point doux ;
Vous seul comblez mon espérance,
Vous seul serez ma récompense ;
J'espère en vous.

O Dieu sauveur !
Vous êtes le seul bien suprême !
O Dieu sauveur !
A vous seul je donne mon cœur ;
Et pour l'amour de vous seul, j'aime
Mon prochain autant que moi-même,
O Dieu sauveur !

N.° 51. LE PÉCHEUR

DÉTROMPÉ DES ERREURS DU MONDE.

Un fantôme brillant séduisit ma jeunesse,
Sous le nom du plaisir il égara mes pas ;
Insensé que j'étois ! je n'apercevois pas
L'abîme que des fleurs cachoient à ma foiblesse.
Mais, enfin, revenu de mes égaremens,
Remettant mon salut à ta bonté chérie,
O mon Dieu ! mon soutien ! après mille tourmens,
Quand je reviens à toi, je reviens à la vie.

Le flambeau si vanté de la philosophie,
Ces lumières du jour dont j'admirois les feux,
M'ont conduit sur le bord du précipice affreux
Où me poussoit sans cesse une force ennemie.
Mais, enfin, etc.

Plaisirs où j'avois cru ne trouver que des charmes,
Ivresse de mes sens, trompeuse volupté,
Hélas ! en vous cherchant, que vous m'avez coûté
De craintes, de douleurs, de regrets et de larmes !
Mais, enfin, etc.

L'amitié, cet appui qui reposoit mon âme,
Cet asile si doux où j'avois sommeillé,
Comme un songe menteur, quand je fus éveillé,
M'offrit la trahison au reflet de sa flamme.
Mais, enfin, etc.

Vous qui de vos vertus souteniez mon enfance,
O mon père ! ô ma mère ! à combien de douleurs
Ma jeunesse rebelle a dû livrer vos cœurs,
Et troubler vos tombeaux dans leur pieux silence ?
Mais, enfin, etc.

Pardonnez, pardonnez à votre enfant coupable ;
Hélas ! cent fois puni d'oublier vos leçons,
Même au sein des plaisirs, par des remords profonds,
Il expioit déjà son crime impardonnable.
Mais, enfin, etc.

Oui, mon Dieu, c'en est fait, touché de ta clémence,
Je quitte pour jamais le monde et ses appas.
Nouvel enfant prodigue, appelé dans tes bras
Je retrouve à la fois mon père et l'innocence.
Car, enfin, etc.

Sainte paix, calme heureux où mon âme repose,
Plaisirs délicieux dont s'enivre mon cœur,
Oh ! ne me quittez plus, donnez-moi le bonheur
Qu'en vain depuis long-temps le monde me propose.
Car, enfin, etc.

N.° 52. ESPÉRANCE DU JUSTE

EN LA PROVIDENCE DE DIEU.

O douce providence,
Dont les divines mains
Versent en abondance
Ses dons sur les humains !
Qui pourroit méconnoître
L'auteur de ces présens,
Et ne pas se remettre } *bis.*
Entre ses bras puissans ? }

Ô sagesse profonde,
Qui veille, en même temps,
Sur les maîtres du monde
Et sur la fleur des champs;
Quelle force invincible
Conduit tout à tes fins?
Quelle douceur paisible
Dispose les moyens! } *bis.*

Dans toute la nature
On voit briller ses dons,
Jusque sur la verdure
Et l'émail des gazons;
Il donne leur parure
Aux lis éblouissans,
Et fournit la pâture
Même aux oiseaux naissans. } *bis.*

S'il verse ses richesses
Sur la fleur du printemps,
S'il étend ses largesses
Jusqu'à l'herbe des champs;
Que fera sa tendresse
Pour l'homme qu'il chérit,
Pour l'être où sa sagesse
Imprima son esprit! } *bis.*

Si ce Dieu qui nous aime
Accorde son secours
Au passereau lui-même
Dont il soutient les jours;
Auteur de la nature,
Mettra-t-il en oubli
L'homme, sa créature
La plus digne de lui? } *bis.*

Oui, sa sollicitude
Veille à tous nos besoins,
Sans nulle inquiétude,
Jetons sur lui nos soins:

Notre Dieu, c'est un père
Qui nous porte en son cœur,
Et la plus tendre mère
N'eut jamais sa douceur. } *bis.*

Avant tout, ô mon âme,
Cherche sa sainte loi ;
Que son amour t'enflamme,
Tout le reste est à toi.
Doucement endormie
Sur son sein maternel,
Le chemin de la vie
Doit te conduire au ciel. } *bis.*

N.° 53. PROTESTATION

DE N'AIMER QUE LE SEIGNEUR.

Seigneur, dès ma première enfance,
Tu me prévins de tes bienfaits ;
Heureux, si ma reconnoissance
Dans mon cœur les grave à jamais !
Le monde trompeur et volage
En vain m'offriroit sa faveur,
Je n'en veux point ; tout mon partage
Est de n'aimer que le Seigneur. } *bis.*

Dieu règne en père dans mon âme,
Il en remplit tous les désirs,
Et l'amour pur dont il m'enflamme
Vaut seul mieux que tous les plaisirs.
Le monde, etc.

Si je m'égare, il me rappelle,
Si je tombe il me tend la main ;
Il me protège sous son aile,
Il me renferme dans son sein.
Le monde, etc.

Si je suis constant et fidèle
A conserver son saint amour,
Une récompense éternelle
M'attend dans son divin séjour.
Le monde, etc.

Chrétiens, ne chérissons la vie
Que pour aimer et pour gémir ;
Nos pleurs nous ouvrent la patrie,
Aimons jusqu'au dernier soupir.
Le monde, etc.

N.° 54. AVANTAGES DE LA FERVEUR.

Goutez, ames ferventes
Goûtez votre bonheur,
Mais demeurez constantes
Dans votre sainte ardeur.

Heureux le cœur fidèle
Où règne la ferveur !
On possède avec elle
Tous les dons du Seigneur. (bis.)

Elle est le vrai partage
Et le sceau des Elus ;
Elle est l'appui, le gage
Et l'ame des vertus.
Heureux, etc.

Par elle la foi vive
S'allume dans les cœurs,
Et sa lumière active
Guide et règle nos mœurs.
Heureux, etc.

Par elle, l'espérance
Ranime ses soupirs,
Et croit jouir d'avance
Des célestes plaisirs.
Heureux, etc.

Par elle, dans les âmes,
S'accroît de jour en jour,
L'activité des flammes
Du pur et saint amour.
Heureux, etc.

C'est sa vertu puissante
Qui garantit nos sens
De l'amorce attrayante
Des plaisirs séduisans.
Heureux, etc.

C'est sous sa vigilance
Que l'esprit et le cœur
Conservent l'innocence
Et l'aimable pudeur.
Heureux, etc.

C'est elle qui de l'âme
Dévoile la grandeur,
Et le zèle s'enflamme
Par sa vive chaleur.
Heureux, etc.

De l'âme pénitente
Elle adoucit les pleurs,
Et de l'âme souffrante
Elle éteint les douleurs.
Heureux, etc.

Celui qui fut docile
A vivre sous ses lois,
Courut d'un pas agile
La route de la Croix.
Heureux, etc.

Par elle, du martyre
Les sanglantes rigueurs,
Au cœur qui le désire
N'offrent que des douceurs,
Heureux, etc.

Elle est , pour qui seconde
Ses généreux efforts ,
Une source féconde
De célestes trésors.
Heureux , etc.

Une larme sincère ,
Un seul soupir du cœur ,
Par elle a de quoi plaire
Aux yeux purs du Seigneur.
Heureux , etc.

C'est elle qui prépare
Tous ces traits de beauté ,
Dont la main de Dieu pare
Les Saints dans sa clarté.
Heureux , etc.

Sous ces heureux hospices
On goûte les bienfaits ,
Les charmes , les délices
De la plus douce paix.
Heureux , etc.

Mais , sans sa vive flamme
Tout déplaît , tout languit ,
Et la beauté de l'âme
Se fane et dépérit.
Heureux le cœur fidèle
Où règne la ferveur !
On n'a part qu'avec elle
Aux saints dons du Seigneur. (*bis.*)

N.° 55. ACTIONS DE GRACES

A LA FIN DES EXERCICES DE LA MISSION.

BÉNISSONS à jamais
Le Seigneur dans ses bienfaits :
Bénissez-le, saints Anges,
Louez sa Majesté ;
Rendez à sa bonté
Mille et mille louanges.
Bénissons, etc.

O que c'est un bon Père !
Qu'il a grand soin de nous !
Il nous supporte tous,
Malgré notre misère.
Bénissons, etc.

Comme un pasteur fidèle,
Sans craindre le travail,
Il ramène au bercail
Une brebis rebelle.
Bénissons, etc.

Il a brisé ma chaîne,
Comme un puissant vainqueur,
Et comme un doux Sauveur;
Il m'a mis hors de peine.
Bénissons, etc.

Il a guéri mon âme,
Comme un bon médecin;
Comme un maître divin,
Il m'éclaire et m'enflamme.
Bénissons, etc.

Il me comble à toute heure
De grâce et de faveur ;

Dans le fond de mon cœur
Il a pris sa demeure.
Bénissons, etc.

Que tout loue en ma place
Un Dieu si plein d'amour,
Qui me fait chaque jour
Une nouvelle grâce.
Bénissons, etc.

Sa bonté me supporte,
Sa lumière m'instruit,
Sa beauté me ravit,
Son amour me transporte.
Bénissons, etc.

Oui sa douceur m'enchaîne,
Sa grâce me guérit,
Sa force m'affermit,
Sa charité m'entraîne.
Bénissons, etc.

Dieu seul est ma tendresse,
Dieu seul est mon soutien,
Dieu seul est tout mon bien,
Ma vie et ma richesse.
Bénissons à jamais
Le Seigneur dans ses bienfaits.

N° 56. PERSÉVÉRANCE.

Jour heureux, sainte allégresse,
Jésus règne dans mon cœur!
Pourquoi donc, sombre tristesse,
Viens-tu troubler mon bonheur?
Hélas! de mon inconstance
J'ai l'affligeant souvenir,
Et pour ma persévérance
Je redoute l'avenir.

Chœur.

Dieu Sauveur de la France,
Cache-nous dans ton cœur ;
Conserve nous la ferveur
Et le bonheur et l'innocence :
Conserve nous la ferveur
Et l'innocence et le bonheur.

Ah ! je connois ma foiblesse,
Mes penchans impérieux,
Et la dangereuse ivresse
Que le monde offre à mes yeux.
Dans sa fureur meurtrière
Je vois l'enfer accourir,
Ah ! si tout me fait la guerre,
Ne faudra-t-il pas périr ?
Dieu sauveur, etc.

Quoi ! me dit le Dieu suprême,
Tu pourrois fuir mes autels !
Quoi ! tu briserois, toi-même
Ces nœuds chers et solennels ?
Contre toi tout court aux armes,
Tout conspire à t'entraîner ;
Cher enfant de tant de larmes,
Veux-tu donc m'abandonner ?
Dieu Sauveur, etc.

Enfant perfide et coupable,
Avant que de l'outrager,
Attends que l'Etre immuable
Pour toi commence à changer ;
Hélas ! tu poursuis ton crime....
Eh bien, cours, vole au plaisir ;
Mais la mort ouvre l'abîme,
Tremble ! un Dieu va te punir,
Dieu Sauveur, etc.

Quoi ! sacrifier la grâce
A l'indigne volupté,
Et pour un monde qui passe,
L'immobile éternité !
Pauvre enfant, que vas-tu faire?
Loin de toi de tels malheurs ;
Du moins épargne ton père,
Prends pitié de ses douleurs.
Dieu Sauveur, etc.

Moi, trahir le Dieu que j'aime,
Jésus, déchirer ton cœur,
T'oublier, beauté suprême,
Outrager mon bienfaiteur !
Ton sang coule dans mes veines,
Et je pourrois te haïr !
Moi ! je reprendrois mes chaînes !
Non, Seigneur, plutôt mourir.
Dieu Sauveur, etc.

Grand Dieu, du sein de la tombe
Quels cris, quels tristes sanglots !
Du liban le cèdre tombe,
Que deviendront des roseaux ?
Enfans d'abord si fidèles,
Vous fîtes tous nos sermens,
Et vous êtes morts rebelles...
Ah ! serons-nous plus constans ?
Dieu Sauveur, etc.

Mais quoi ! le Dieu que j'adore
N'est-il plus le Dieu puissant ?
Des ennemis que j'abhorre
Ne fut-il pas triomphant ?
S'il m'expose à cette guerre
Est-ce pour m'y voir périr ;
Si je ne suis que poussière,
Sa main peut me soutenir.
Dieu Sauveur, etc.

Avec ta grâce, j'espère,
Et je m'élance aux combats ;
Vigilance, humble prière,
Vous assurerez nos pas :
Long-temps dans ce cher asile
Je veux apprendre à t'aimer ;
Dans ton sang, enfant docile,
Je viendrai me ranimer.
Dieu Sauveur, etc.

Loin de moi, monde perfide,
Amis, livres corrupteurs,
Respect humain déicide,
Jeux, spectacles séducteurs.
O lys, ton éclat fragile
Périt d'un souffle léger,
O vertu, bien plus debile,
Fuis jusqu'au moindre danger.
Dieu Sauveur, etc.

Vierge sainte, ô tendre mère,
Je me jette entre tes bras :
Là, viens me faire la guerre,
Enfer, je ne te crains pas :
A ton nom, douce Marie,
Je sens mon cœur s'attendrir ;
Qui t'invoque obtient la vie,
Qui t'aime ne peut périr.
Dieu Sauveur, etc.

Amour sacré de nos âmes,
Pain, délices de nos cœurs ;
Embrase nous de tes flammes,
Nous jurons d'être vainqueurs :
Jésus, si dans mon délire,
Je dois te trahir un jour,
Qu'aux pieds de l'autel j'expire
Avant de perdre l'amour.
Dieu Sauveur, etc.

N.° 57. CANTIQUE POUR LE ROI,

A L'USAGE DES MISSIONS DE FRANCE.

Venez, Français ; le Dieu dont la puissance
Fait triompher et le trône et la Foi,
Veut aujourd'hui qu'on chante dans la France
Gloire au Très-Haut, vive notre bon Roi !
Vive la France !
Vive le Roi !
Toujours en France
Les Bourbons et la Foi.

Lorsque l'impie exerçant sa vengeance,
Faisoit régner la terreur et l'effroi ;
Quand tout sembloit perdu pour notre France,
Nous espérions toujours en notre Roi.
Vive la France, etc.

Il est à nous ce gage d'alliance,
Du vieil honneur et de l'antique Foi,
Tout cœur français redit en sa présence :
Vivre et mourir, pour son Dieu, pour son Roi.
Vive la France ! etc.

Honneur, louange, amour, reconnoissance
Pour tes bienfaits, grand Dieu ; car c'est à toi
Que nous devons le salut de la France,
Que nous devons le retour de son Roi.
Vive la France ! etc.

Oui, sa bonté retrace ta clémence ;
Par son exemple il nous ramène à toi ;
C'est rendre gloire à ton nom dans la France,
Que de bénir le nom d'un si bon Roi.
Vive la France ! etc.

Reine des cieux, protége l'héritage
Que les Bourbons ont soumis à ta loi !

Montre-toi mère, achève ton ouvrage ;
Daigne veiller sur la France et son Roi.
Vive la France ! etc.

De tes enfans, exauçant la prière,
Déjà sur nous tu répands tes bienfaits,
Et de nos lys soutenant la bannière,
Promets la gloire aux Bourbons, aux Français.
Vive la France ! etc.

Peuple Français, sois un peuple de frères ;
Que tous les cœurs soient unis à jamais.
Notre Louis est le meilleur des pères ?
Vive Louis et la France et la paix !
Vive la France !
Vive le Roi !
Toujours en France
Les Bourbons et la Foi.

FIN.

TABLE

DES

CANTIQUES

CONTENUS DANS CE RECUEIL.

Fin de la Table.

www.ingramcontent.com/pod-product-compliance
Ingram Content Group UK Ltd.
Pitfield, Milton Keynes, MK11 3LW, UK
UKHW020328180726
13839UKWH00002B/586

9 782329 587653